COORDENADORAS
CLEIDE ROCHA DE ANDRAL
TEREZINHA DE OLIVEIRA LIMA ROCHA
RITA DE CÁSSIA MARQUES
ANA CLÁUDIA BITENCOURT MARCONDES

MEDIAÇÃO JUDICIAL:
ENSAIOS SOBRE UMA EXPERIÊNCIA

COORDENADORAS
CLEIDE ROCHA DE ANDRADE
TEREZINHA DE OLIVEIRA LIMA ROCHA
RITA DE CÁSSIA MARQUES
ANA CLÁUDIA BITENCOURT MARCONDES

MEDIAÇÃO JUDICIAL:
ENSAIOS SOBRE UMA EXPERIÊNCIA

Del Rey editora

Belo Horizonte
2019

Impresso no Brasil | Printed in Brazil
EDITORIAL DEL REY LTDA

www.editoradelrey.com.br

Editor: Arnaldo Oliveira

Editor Adjunto: Ricardo A. Malheiros Fiuza

Diagramação / Capa: Alfstudio

Revisão: Mônica Henriques Gonçalves de Azevedo

EDITORA
Rua dos Goitacazes, 71 – Lojas 20 a 24
Centro - Belo Horizonte-MG
CEP 30190-909
Comercial:
Tel.: (31) 3284-3284 | 3293-8233
vendas@editoradelrey.com.br
Editorial:
editorial@editoradelrey.com.br

M489 Mediação judicial: ensaios sobre uma experiência / Coordenadoras: Cleide Rocha de Andrade ... [et al.]. – Belo Horizonte: Del Rey, 2019.

xviii, 182 p. – Inclui bibliografia.

ISBN: 978-85-384-0551-1

1. Direito processual 2. Mediação 3. Resolução de disputas (Direito) I. Andrade, Cleide Rocha de (coord.) II. Título

CDU 347.918(81)

Ficha catalográfica elaborada pela bibliotecária Meire Luciane Lorena Queiroz CRB 6/2233.

AGRADECIMENTOS

A todos aqueles que, no início de tudo e a despeito de toda descrença no potencial da mediação, acreditaram e nos apoiaram de maneira incondicional.

A todos os pioneiros que estiveram envolvidos, de maneira direta ou indireta, no processo de implantação do procedimento de mediação no âmbito do judiciário e, mais especificamente, na construção do *Setor de Mediação* do Centro Judiciário de Solução de Conflitos de Belo Horizonte (CEJUSC BH).

Ao Tribunal de Justiça do Estado de Minas Gerais, que, sob o manto da Resolução 125/2010 do CNJ, da Lei 13.140/2015 e do Novo Código de Processo Civil, mostra-se firmemente determinado na implementação da *Política Pública de Tratamento Adequado dos Conflitos* no Estado de Minas Gerais e, para tanto, tem realizado incansáveis esforços para o fomento da conciliação e da mediação, cumprindo, assim, sua missão de pacificação dos conflitos.

A todos os Mediadores Supervisores do Setor de Mediação do CEJUSC BH, que, ao longo de todos esses anos, vêm se empenhando no processo de formação e acompanhamento da atuação dos mediadores judiciais.

À Rede de Voluntariado do CEJUSC BH, que contribui diariamente com a doação do seu trabalho e que, neste livro, de modo brilhante, expressou com vigor suas reflexões sobre a experiência de atuação como mediadores judiciais.

Aos nossos familiares, que, de maneira solidária, compreenderam o momento de distanciamento e tensão que cada autor experimentou durante o processo de escrita de seu ensaio.

A cada uma das componentes da comissão organizadora da presente obra, pelo desafio de compartilhar a tarefa de dar vida ao sonho de registrar uma experiência inigualável e tornar isso realidade por meio de um livro escrito a muitas mãos.

Por fim, esperamos que este livro, composto de ensaios que suscitam ideias e retratam vivências e reflexões, a partir de uma experiência de construção e prática de mediação de conflitos no campo judicial, possa despertar debates fecundos sobre o tema e contribua para o fomento de novas práticas e investigações intelectuais que aprimorem o potencial transformador deste modo inovador de lidar com as interações humanas.

"Um acontecimento vivido é finito, ou pelo menos encerrado na esfera do vivido, ao passo que o acontecimento lembrado é sem limites, porque é apenas uma chave para tudo que veio antes e depois."

Walter Benjamin

PREFÁCIO

É com prazer que recebi o convite para prefaciar esta obra: "**Mediação Judicial: Ensaios sobre uma experiência.** ", formulado pelos doutrinadores deste livro e considerando que vários deles são responsáveis pela introdução e pela evolução da mediação no Poder Judiciário do Estado de Minas Gerais.

Evidentemente que, cientificamente se o livro é rotulado de "**Mediação Judicial: Ensaios sobre uma experiência**", não podemos perder de vista, para compreender esta evolução, o início da mediação em Minas Gerais, já que o sucesso de hoje é antes de tudo fruto daquele pioneirismo do passado. Da coragem daquelas pessoas que acreditaram que a mediação era uma proposta excelente e que não poderia ser desprezada. Urgia ser implementada o mais rapidamente possível nas Alterosas.

A dificuldade encontrada, pelo grupo, foi o conservadorismo reinante no mundo jurídico. Pensamos muito. O novo é algo de desconfiança. Depois, existe também o ciúme, o querer que um determinado "saber" prevaleça sobre o outro. Porém, é a soma dos diversos saberes que contribuem para o desenvolvimento da humanidade, a exemplo deste livro, que tem a participação de psicólogos, assistentes sociais, juristas etc. A teoria pura do direito, na verdade, foi um retrocesso, que me perdoe Kelsen.

Assim foi que o grupo reuniu no IBDFAM/MG, por 06 (seis) meses, semanalmente, com o escopo de estudar mediação, discutindo teorias, ouvindo propostas. Cessada esta fase teórica necessária era passar à prática. E, neste momento, um obstáculo: não havia qualquer regulamentação a respeito do assunto. O Conselho Nacional de Justiça ainda não tinha despertado cabalmente para a necessidade de conciliação no Judiciário. O TJMG também não. Alguns juízes eram contra tal proposta. A disputa e a cultura belicosa era marca inerente do processo.

Entretanto, o grupo, corajoso e visionário, queria colocar em prática a mediação, de imediato. Entendia que era mais uma ferramenta posta à disposição da Justiça, para resolver inúmeras questões, principalmente nas Varas de Famílias, que existiam (e ainda existem) vários autos de processos tramitando anos e anos e que a solução, via sentença, nem sempre era e é a mais adequada.

Passamos, por conseguinte, a nos reunirmos na 1ª Vara de Família. O grupo, advindo dos encontros semanais no IBDFAM, acrescidos de outras pessoas interessadas (Cleide, Terezinha, Vilma, Solange, Julieta, Isabele, Fátima Almeida e Fátima Salomé), selecionava os autos dos processos em que era, em tese, possível mediação e as partes eram chamadas. Inúmeros acordos foram realizados, a demonstrar que a mediação era viável, desde que praticada por pessoas com capacidade e treinada para tanto.

Mas ressaltamos: era um trabalho realizado sem as benções do Tribunal de Justiça, ainda. O grupo antes aludido queria trabalhar a mediação e, como então na época éramos Presidente do IBDFAM/MG e também titular da 1ª Vara de Família, encampamos, de chofre, todas as propostas daquele visionário grupo. No IBDFAM, participamos também daqueles seis meses de estudos teóricos. Na 1ª Vara de Família, colocamos os autos do processo à disposição do grupo e também laborávamos junto ao Ministério Público, para que aceitasse os acordos celebrados, via mediação.

O trabalho acabou, alguns anos depois, encampado pelo TJMG e estendido a todas às Varas de Família. Depois, veio à regulamentação pelo Conselho Nacional de Justiça e, atualmente, a mediação foi recepcionada pelo Código de Processo Civil, juntamente com a transação, deixando de serem meios alternativos de composição de conflito, rótulo que não deixava de ser excludente. A conciliação e a mediação é uma realidade, um meio a mais de buscar composição e colocar fim ao litígio. Hoje o Poder Judiciário de Minas tem o Setor de Mediação, com identidade e espaço próprio no CEJUSC BH.

E, na verdade, com a mediação primeiramente praticada na 1ª Vara de Família de Belo Horizonte, também lá já era realizado, por nós, como titular daquela Vara, o julgamento parcial de mérito, quando do início da mediação "clandestina", considerando que, quando havia acúmulo de pedidos, homologávamos, muitos anos antes do Código de Processo Civil atual prever tal possibilidade, parte do acordo celebrado mediante conciliação e seguíamos com o feito, com relação à parte que não foi possível alcançar a composição, fato a demonstrar que não há nenhuma incompatibilidade entre o mediador e o juiz.

Assim, em Minas a gênese da mediação é a acima retratada. E o grupo pioneiro de mediadores continuou e está presente no TJMG, na Escola Desembargador Edésio Fernandes, fazem palestras e, agora, com vários outros convidados e interessados na mediação, escreveram este livro, que esperamos não ser o único.

Destacamos a temática desenvolvida pelos escritores deste livro, a demonstrar como o assunto precisa, para consolidar cada vez mais, da participação de todos e também para levar ao conhecimento do público, em geral, o que é feito em Minas Gerais, no tocante à mediação.

Portanto, a todos os que contribuíram pelo advento deste livro, os nossos parabéns, eis que, com certeza, será um sucesso, além de colocar em evidência a mediação no direito brasileiro e de demonstrar que, em Minas Gerais, temos excelentes pessoas que pensam e praticam a mediação e que contribuem, sobremaneira, para o aperfeiçoamento diário deste instituto.

E, como última palavra, permitam-me: não podemos esquecer-nos da importância do advogado também na mediação. Olvidá-lo é deslegitimar todo este procedimento conciliatório.

Newton Teixeira Carvalho.

Especialista em Direito de Empresa pela Fundação Dom Cabral. Mestre em Direito Processual Civil pela Pontifícia Universidade Católica de Minas Gerais. Doutor em Direito pela Pontifícia Universidade Católica do Rio de Janeiro. Pós-Doutorando em Docência e Investigação pelo Instituto de Educação Superior Latinoamaericano – IESLA. Desembargador do Tribunal de Justiça de Minas Gerais. Membro do IBDFAM/MG. Professor de Direito de Família na Escola Superior Dom Helder Câmara. Coautor de diversos livros e artigos na área de direito ambiental, família e processual civil.

APRESENTAÇÃO

Foi com grande alegria que recebi o convite para apresentar esta importante obra sobre a mediação judicial, tema que tem sido objeto de minhas ocupações há muitos anos.

A cada dia maior número de profissionais se convence de que os meios autocompositivos de solução de conflitos são possibilidade real de caminho para a pacificação social.

Nesse contexto, surge a mediação, cuja finalidade é facilitar a comunicação, ao desenvolver a autonomia e responsabilidade das partes envolvidas em um conflito para a tomada de decisões.

É preciso transformar a cultura jurídica de ataque e da defesa, substituindo-a por atividade mediadora.

Na conjuntura atual, em que as alternativas autocompositivas são valorizadas pelo sistema multiportas, elevado a princípio do sistema processual brasileiro, com o reconhecimento incontestável da importância das soluções consensuais e que o Conselho Nacional de Justiça implanta e incentiva a Política de Tratamento Adequado de Conflitos, a mediação passa a ser tema obrigatório nos meios jurídicos e acadêmicos.

O mediador desenvolve importante tarefa no trabalho da Mediação. É ele quem vai auxiliar o entendimento entre as partes. Espera-se que seja pessoa especializada em resolver conflitos, que atue como facilitador do diálogo.

A presente obra é uma coletânea das experiências da arte de mediar conflitos, desenvolvida por mediadores judiciais e voluntários no Tribunal de Justiça de Minas Gerais.

As organizadoras Terezinha e Cleide, junto com outras servidoras do TJMG, iniciaram um importante projeto junto às Varas de Família de Belo Horizonte no ano de 2007, trabalho este que é a base da mediação desenvolvida atualmente no Centro Judiciário de Solução de Conflitos, o CEJUSC da Capital Mineira.

Ao trabalho das servidoras foi agregado o trabalho de voluntários, através do Programa de Mediadores Voluntários daquele Centro Judiciário.

Entusiasta que sou da matéria tive a oportunidade de me beneficiar por diversas vezes deste trabalho, ao encaminhar diversos casos, quando no exercício da Judicatura na 5ª Vara de Família de Belo Horizonte, com a alegria de receber a maioria destes processos solucionados, após a intervenção segura e precisa daquela equipe de trabalho.

Nesta obra, não se encontram apenas ensaios, mas rica produção com conteúdo conceitual e prático, permeado com as histórias e as experiências vividas no desenvolvimento desta nobre arte.

Nem é preciso ressaltar que a obra é de leitura obrigatória para todos aqueles que acreditam e buscam a solução consensual dos conflitos.

Digna de aplausos foi a iniciativa das organizadoras, propondo-se a compartilhar com a comunidade jurídica e acadêmica as experiências desta valorosa missão.

Belo Horizonte, 08 de Outubro de 2018

Clayton Rosa de Resende
Juiz de Direito do Estado de Minas Gerais
Mestre em Direito Privado pela PUC – Minas
Professor de Direito Civil do Centro Universitário de Sete Lagoas

SUMÁRIO

3
MEDIAÇÃO: CONCEITO E PRÁTICA

4
SOBRE A FORMAÇÃO DOS MEDIADORES

5
PROGRAMA DE MEDIADORES VOLUNTÁRIOS DO CEJUSC BH

6
A IMPORTÂNCIA DAS OFICINAS DE PAIS E FILHOS NO APOIO À MEDIAÇÃO DE CONFLITOS

7
OS HORIZONTES DA MEDIAÇÃO

1

EVOLUÇÃO HISTÓRICA DA MEDIAÇÃO NO TJMG

BREVE HISTÓRICO DA MEDIAÇÃO DE CONFLITOS NO CAMPO JUDICIAL EM BELO HORIZONTE/MG

Solange Maria Luz[1]
Vilma Lúcia Boa Morte[2]

Há pouco mais de dez anos, um grupo de assistentes sociais e psicólogas que trabalhavam na Central de Serviço Social e Psicologia do Fórum Lafayette de Belo Horizonte percebeu que havia uma demanda crescente de processos das Varas de Família em que se destacavam a complexidade das situações litigiosas, muitas delas perpassadas por graves problemas de relacionamento entre as pessoas envolvidas nos mesmos. Além disso, observavam uma incessante formulação de novas ações pelos mesmos indivíduos enredados na situação conflitiva, o que, ao ver dessas profissionais, refletia o incremento do desentendimento e o tornava mais acentuado.

Essas assistentes sociais e psicólogas refletiam que tais situações de impasses escapavam, muitas vezes, ao poder normatizador das leis, requerendo, na sua abordagem, outra forma de intervenção que contemplasse a singularidade dos envolvidos. Algumas dessas profissionais já conheciam a Mediação de Conflitos, que se constitui em um procedimento não adversarial de resolução de disputas, cuja meta é trabalhar a situação de conflito inter-relacional que sustenta os litígios. Essa intervenção contribui para que cada pessoa possa resgatar sua responsabilidade quanto à tomada de decisões que contemplem seus interesses e, da mesma

1 Assistente social, servidora aposentada do Tribunal de Justiça do Estado de Minas Gerais, mediadora de conflitos e ex-instrutora – capacitada pelo Conselho Nacional de Justiça – de cursos de mediação judicial.

2 Assistente social, servidora aposentada do Tribunal de Justiça do Estado de Minas Gerais, mediadora de conflitos e instrutora – capacitada pelo Conselho Nacional de Justiça – de cursos de mediação judicial e extrajudicial.

forma, atendam às necessidades do outro. Nesse contexto, em março de 2006, criaram o *Grupo de Mediação do Fórum Lafayette* com a finalidade de realizar o estudo das teorias e técnicas da Mediação de Conflitos, objetivando a aplicação dessa metodologia nas ações litigiosas das Varas de Família do Poder Judiciário.

Em fevereiro de 2007, o então juiz da 1ª. Vara de Família da Capital, Dr. Newton Teixeira Carvalho, atual desembargador do TJMG, após reunião com os membros do referido grupo, aderiu à proposta inicial de adotar a Mediação de Conflitos em alguns casos. A partir de então, disponibilizou processos litigiosos de sua Vara para atendimento na modalidade destacada, cedendo, inclusive, o espaço da sala de audiências, no turno da manhã, uma vez por semana. Nessa fase dos trabalhos, os profissionais interessados pela prática em questão reuniam-se na sala de audiências da 1ª. Vara de Família para realização das sessões de mediação, reuniões técnicas de discussão dos casos e administrativas. Inicialmente, havia também, na equipe, membros do Grupo de Estudos de Mediação do IBDFAM – Seção Minas Gerais. Todos com autonomia para a condução dos trabalhos, observando-se os princípios éticos que norteiam a prática da Mediação de Conflitos.

A proposta inicial do trabalho versava sobre o oferecimento da Mediação de Conflitos como procedimento técnico para abordagem de litígios familiares durante um período de cinco meses de atividades (de fevereiro a junho de 2007), com a possibilidade de prorrogação. Diante da resposta positiva das partes processuais, dos resultados favoráveis obtidos e da aceitação de muitos advogados, a iniciativa evoluiu para a elaboração do *Projeto de Mediação dos Conflitos Familiares.*

Em maio de 2008, os membros do Grupo de Estudo de Mediação e o Dr. Newton Teixeira Carvalho, na condição de coordenador jurídico do referido projeto, reuniram-se com o Juiz Auxiliar da Corregedoria e Diretor do Foro, Dr. Luiz Carlos de Azevedo Corrêa Júnior, para apresentação da proposta. Ao longo dos meses, juízes de outras Varas de Família enviaram processos para atendimento em mediação, indicando aprovação e reconhecimento da importância de tal iniciativa.

As atividades realizadas pelo Grupo, além do estudo das teorias e técnicas da mediação de conflitos, passaram a envolver atendimento em mediação de conflitos das partes processuais; discussão técnica dos casos e reuniões de equipe; reuniões com juízes; ciclo de palestras sobre mediação, com a presença de convidados de outras instituições; palestras em faculdades; entrevistas para órgãos de informação, comunicação e divulgação; redação de relatórios das atividades. Tudo isso, realizado de forma voluntária, ou seja, acumulando com o exercício de nossas funções como técnicos na Instituição.

Em setembro de 2008, publicou-se a Portaria-Conjunta 126/2008, que implantou o projeto piloto de estímulo à mediação de conflitos familiares nas Varas de Família da Comarca de Belo Horizonte e, em suas considerações iniciais, faz referência "(...) a experiência da prática de mediação, ocorrida no ano de 2007 e ao longo deste ano junto à 1ª. Vara de Família de Belo Horizonte". Verificou-se a adesão ao referido projeto de dez dos doze juízes das varas de família.

Em novembro de 2010, o Conselho Nacional de Justiça (CNJ) publicou a Resolução 125/2010, instituindo a *Política Judiciária Nacional de Tratamento Adequado dos Conflitos de Interesse no Âmbito do Poder Judiciário,* que estabelece uma política permanente de incentivo e aperfeiçoamento dos mecanismos consensuais de solução de conflitos, de modo a assegurar a todos o direito à resolução das adversidades por meios adequados à sua natureza e peculiaridade.

O Judiciário Mineiro, atendendo à Resolução 125/2010 do CNJ, iniciou, em 2011, a implantação dos Centros Judiciários de Solução de Conflitos e Cidadania nas comarcas do Estado. Atualmente, existem 128 Centros instalados. Em Belo Horizonte, o Centro Judiciário de Solução de Conflitos e Cidadania (CEJUSC BH) foi inaugurado em agosto de 2011, ofertando a conciliação e a mediação de conflitos para atendimento de pessoas envolvidas em processos que tramitam nas Varas Cíveis e, sobretudo, nas Varas de Família da Capital. E, a partir dessa data, os técnicos da Central de Serviço Social e Psicologia, que atuavam como mediadores voluntários, passaram a ser lotados no CEJUSC BH com dedicação exclusiva.

Os trabalhos de mediação realizados pelo CEJUSC BH, embora tenham obtido a aprovação e a adesão de vários juízes e de operadores do direito, não transcorreram de forma linear, sem dificuldades ou intercorrências. Inúmeros foram os problemas enfrentados, desde não ter um lugar adequado para atender a críticas, tais como, por exemplo, a de que os mediadores estariam "fugindo" do trabalho para o qual haviam prestado concurso, bem como receber ofício de representantes da Instituição comunicando às mediadoras que o TJMG não tinha interesse na metodologia da Mediação de Conflitos. Em diversos momentos, essas servidoras foram refutadas cabalmente. Insistiram, por saberem que mudança de paradigma de cultura é um processo lento e por acreditarem verdadeiramente nessa nova forma de fazer e de pensar o trabalho. Compreendiam que era uma ruptura e que seria preciso construir uma nova relação. Contrapondo-se ao ceticismo de muitos, encontraram também pessoas que incentivavam e procuravam ajudar. Entendiam que mudança provoca medo, desordem e, algumas vezes, caos. Mas, uma vez iniciado o processo, não tinham mais como retroceder. Era preciso seguir adiante, com paciência, persistência e com ações que pudessem ajudar àqueles que não acreditavam no procedimento, alegando não ser algo confiável e sem efetividade.

As mediadoras almejavam ajudá-los a perceber que essa escolha era pautada em um novo modelo de trabalho que percebiam como, ao contrário, mais efetivo e eficaz e que isso não significava serem contra as pessoas que queriam fazer ou continuar fazendo seu trabalho da maneira tradicional no Judiciário.

Deve-se ressaltar que divergências são inevitáveis para os seres humanos. O desafio, o esforço está em resolver os conflitos de forma pacífica, respeitosa, satisfatória para todos os envolvidos. O novo assusta, causa medo, insegurança, e a construção desse novo paradigma na Justiça precisa ser calcado na troca de experiências, nos interesses cooperativos, nos melhores resultados possíveis em termo de significado prático.

Depois de transcorridos 12 anos dessa trajetória, o exercício da mediação ainda se depara com algumas indagações, inquietações, dúvidas, mas, paradoxalmente, tem-se a certeza de que a não violência não significa um mundo sem conflitos, mas a possibilidade da solução pacífica desses conflitos. Com os bons resultados alcançados, com o reconhecimento do público atendido, dos magistrados, dos advogados, do Ministério Público e dos técnicos, a mediação de conflitos, no Judiciário, vem se firmando, não mais como uma utopia, mas como prática efetiva de resultados positivos para as pessoas envolvidas nos processos judiciais, bem como para a sociedade. Conforme escreveu Tânia Almeida no artigo *Mediação na Virada de Milênio*:

> ...a Mediação, por todas as suas características, mostra-se coerente com os paradigmas deste início de milênio, e imprescindível como recurso de governabilidade, administração e negociação nos mais distintos âmbitos da convivência social.

E ainda, no artigo *Mediação de Conflitos: Exercício de Cidadania e de Prevenção:* "faz parte da competência social deste milênio, sujeitos mais voltados para a solidariedade do que para o enfrentamento." Os argumentos da autora corroboram e justificam o entusiasmo que as mediadoras da instituição e o corpo de mediadores voluntários envolvidos no trabalho da mediação no CEJUSC BH depositam nesse ofício.

REFERÊNCIAS BIBLIOGRÁFICAS

ALMEIDA, Tânia. Artigo: Mediação de Conflitos: Exercício de Cidadania e de Prevenção. Disponível em: <www.mediare.com.br/08artigos_12mediacaodeconflitos.html>.

ALMEIDA, Tânia. Mediação na Virada de Milênio. In: *Apostilas do Curso Básico em Mediação de Conflitos do MEDIARE - Centro de Administração de Conflitos*. Rio de Janeiro, 2006.

AZEVEDO, André Gomma (Org.). *Manual de Mediação Judicial* - Conselho Nacional de Justiça. Brasília, 2016.

Diversos documentos, relatórios e ofícios elaborados pela equipe de mediação do Fórum Lafayette - Atualmente, do CEJUSC de Belo Horizonte/MG.

PORTARIA-CONJUNTA nº 126, do Tribunal de Justiça de Minas Gerais, publicada em 4 de setembro de 2009.

RESOLUÇÃO nº 125, de 29 de novembro de 2010 do Conselho Nacional de Justiça.

ROSEMBERG, B. Marshall. *Comunicação Não Violenta*. Técnicas para aprimorar relacionamentos pessoais e profissionais. Trad. Mário Vilela. São Paulo: Editora Ágora, 2006.

SALES, Lília Maia de Morais Sales. A Casa de Mediação Comunitária da Parangaba - o relato de uma experiência. In: *Mediação de Conflitos: Família, Escola e Comunidade*. Florianópolis: Conceito Editorial, 2007.

SIX, Jean-François. *Dinâmica da Mediação*. Trad. Águida Arruda Barbosa, Eliane Riberti Nazareth e Giselle Groeninga. Belo Horizonte: Del Rey, 2001.

2

NOVOS PARADIGMAS E A MEDIAÇÃO DE CONFLITOS NO ORDENAMENTO JURÍDICO BRASILEIRO

UMA NOVA FORMA DE COMUNICAÇÃO OFERTADA PELOS MÉTODOS ADEQUADOS DE SOLUÇÃO DE CONFLITOS PARA OS OPERADORES DO DIREITO

Ana Claudia Bitencourt Marcondes[1]

RESUMO

O conflito é inerente à sociedade, mas a vida social não pode estar instalada permanentemente no conflito, por isso, quando os confrontos e tensões que perturbam as relações entre os membros da comunidade não conseguem solução, é necessário utilizar mecanismos para restaurá-lo, porque, assim como o conflito é inevitável, sua falta de solução não pode ser. Um dos muitos benefícios que a mediação oferece a quem se dispõe a participar é a oportunidade de falar de seus interesses e necessidades, em um ambiente seguro, com uma terceira pessoa imparcial, facilitando a comunicação entre as partes envolvidas no conflito. O objetivo do presente artigo é mostrar uma nova forma de comunicar, ofertada pelos métodos adequados de solução de conflitos aos operadores do direito por meio

1 Formada em Direito na Faculdade Cândido Mendes, Rio de Janeiro. Advogada Colaborativa com formação pelo Instituto Brasileiro de Práticas Colaborativas (IBPC). Mediadora voluntária atuante no CEJUSC BH. Mediadora privada com formação pelo Instituto de Mediação e Arbitragem do Brasil (IMAB). Mediadora privada no Núcleo de Mediação da OAB-MG, Diretora da LIVRES – Câmara de Mediação e Cursos. Pós-graduada em Direito Processual Civil pela PUC Minas, Life & professional Coach. Membro da Comissão de Mediação da OAB-MG. Membro da Comissão de Arbitragem da OAB-MG. Membro do CBAR. Instrutora da Oficina de Pais e Filhos no TJMG.

da mediação e utilização da comunicação não violenta descrita por Rosenberg (2006). A metodologia utilizada foi uma pesquisa bibliográfica sobre sua aplicação, com autores especialistas no assunto em diversas fontes de consulta tais como artigos científicos, obras, publicações em diferentes meios, incluindo a Internet. Concluiu-se que o profissional do futuro é o operador de direito que tem empatia, uma comunicação clara e leve e transmite segurança a quem ele ajuda, por acreditar que as pessoas que pensam de forma diferente não estão erradas e, sim, têm o direito de querer coisas diferentes.

Palavras-chave: Mediação. Conflito. Comunicação não violenta. Imparcialidade.

1. INTRODUÇÃO

O diálogo saudável está sendo uma busca constante em tempos de uma comunicação cheia de ruídos, que causam tantos conflitos. Temas, em que se priorizam o diálogo, buscam harmonizar diferentes opiniões, algo com que possamos conviver diferente de algo que concordamos 100%.

Uma comunicação de zelo, clara e cuidadosa com o outro é a porta de entrada para essa comunicação eficaz e saudável, crescente de possibilidades de entendimento e construção. A escuta tem que ser clara, inclusiva, entendendo o que o outro diz, quando ele, muitas vezes, não diz nada. A capacidade de ser empático, de entender o ponto de vista do outro, no lugar do outro, assim como o de ouvir para entender e não ouvir para responder é condição para que se possam visitar outros lugares ainda não conhecidos, de novas possibilidades, geradores de outras ideias, mais abertas e flexíveis, e, muitas vezes, diferentes.

Respeitar as diferenças é quase que um dos ingredientes mais eficazes para que consigamos incluir a opinião alheia e, de fato, conseguir construir um diálogo inclusivo. Essa é a proposta deste artigo: mostrar que o profissional da modernidade precisa desenvolver habilidades comunicacionais, assim como oferecer outro olhar da advocacia a seu cliente.

Entender a dinâmica dos meios adequados de solução de conflitos disponíveis e saber utilizá-los para ser colaborativo é hoje condição para poder oferecer uma advocacia que acompanha a evolução de uma sociedade que prima pela dignidade da pessoa humana.

Os operadores do direito, de uma maneira geral, tiveram uma formação acadêmica cheia de certeza do que é certo e do que é errado, presos ao que está na lei e o que diz as provas presentes no processo. A formação de uma pessoa que cursa a faculdade de direito é extremamente adversarial, parcial e nada inclusiva. Vence quem tiver melhores provas, sendo sempre um o vencedor e o outro o perdedor. Como resultado, temos sentenças que não são cumpridas, acordos sem efetividade. Temos uma formalidade sem resultados transformadores e ações e mais ações, que transformam o Judiciário em um lugar onde se descarrega ódio, mágoas e sede de vingança, tornando impossível atender às demandas tanto em tempo quanto em qualidade de prestação jurisdicional.

Os operadores do direito não conseguem satisfazer quem os procura e o Judiciário não consegue oferecer uma prestação jurisdicional satisfatória a todos. Contudo, estamos em processo de mudanças, quebra de paradigmas, uma construção lenta e muito comprometida dos profissionais que acreditam que a comunicação inclusiva é a solução para que possamos ter uma sociedade mais tranquila para resolver seus conflitos, que são inerentes aos seres humanos e que sempre existirão, oportunizando-nos crescimento e mudanças.

Com um pontapé inicial, veio a Resolução 125[2], depois o novo Código de Processo Civil[3] e a Lei de Mediação[4]. Movimentos que podemos entender como sinais de novos tempos, como uma resposta à realidade que se apresenta diante de tanta insatisfação pela forma como as pessoas têm resolvido seus conflitos nos últimos anos.

A sociedade passa, então, por estágios, crescente em sua conscientização de que algo deve mudar e rápido. Diante disso, alguns desses profissionais já começam a entender que o papel do operador tem que ser diferenciado. O advogado começa a perceber que a postura diante do cliente tem que mudar, para ajudá-lo a passar por momentos de fragilidade, de conflitos, de uma forma mais leve, mais tranquila.

---

[2] Brasil. Resolução nº 125, de 29 de novembro de 2010.

[3] Brasil. Lei nº 13.105, de 16 de março de 2015. Código de Processo Civil.

[4] Brasil. Lei nº 13.140, de 26 de junho de 2015. Dispõe sobre a mediação entre particulares como meio de solução de controvérsias.

2. O ADVOGADO DA PÓS-MODERNIDADE

Quem procura um advogado, principalmente na área de família, procura porque não conseguiu resolver o conflito que se instaurou, procura com o pedido de socorro, de mágoa e quer que aquela situação seja resolvida o mais rápido possível. A urgência do seu cliente, mais que natural, leva o advogado a entrar com uma ação o mais rápido possível, na certeza de que fará de tudo para que seu cliente saia vencedor da demanda, na ilusão de que o está ajudando. Contudo, sabemos que qualquer que seja o resultado, principalmente na área de família, o cliente não ficará satisfeito. Esse seria o primeiro quadro do advogado adversarial, que trabalha com o antigo paradigma do "ganha-perde", da satisfação do cliente na causa ganha.

Os tempos mudaram e, hoje em dia, o advogado de família, vislumbrando a satisfação do cliente, tem que pensar e agir de maneira humanizada. Clientes felizes são clientes que foram ouvidos, que foram compreendidos em seus interesses e necessidades e, principalmente, que possuem uma família que foi preservada durante a resolução do conflito.

Ao entrar com uma ação judicial, entra-se com a foto do conflito, a posição de alguém que quer mais do que ser vencedor. Na verdade, utiliza-se do Judiciário como um veículo para que todos os seus sentimentos negativos sejam colocados em prática, para provar ao outro que ele tem razão, que suas necessidades são maiores que as necessidades do outro, que o sofrimento dele também é maior que do outro.

A vingança, o "acerto de contas" é, na maioria das vezes, nas ações de família, o maior objetivo, que está implícito no valor da pensão alimentícia requerida, no pedido de guarda unilateral ou mesmo na impontualidade ou não pagamento da pensão alimentícia por um dos genitores.

Por que será que esse genitor não paga? Será porque de fato não tem condições de pagar ou porque utiliza desse argumento para que, de alguma forma, seja "escutado" pela genitora do seu filho, ex-companheira ou ex-esposa? Será que espera um reconhecimento por parte mãe de seu filho/a? Espera um reconhecimento de sua paternidade no sentido emocional por parte da sua ex?

Todas essas perguntas são suposições, que podem estar corretas ou não, mas que, muito provavelmente, entram no rol dos muitos exemplos de que, por trás de toda ação, tem uma necessidade não atendida, um sentimento camuflado.

Infelizmente, quando se tratam de ações de família, anos de litígio no Judiciário significam tempos em que os membros daquela relacionamento desfeito sofrerão, especialmente, os filhos.

Com efeito sistêmico, todas as movimentações no processo serão suportadas pelos filhos, que, no meio do fogo cruzado, sentem-se inseguros, perdem referências e sentem-se culpados pela separação dos pais. Por outro lado, esses pais sentem-se inseguros pela nova realidade, machucados e por estarem imersos ao conflito, não conseguem enxergar o que está acontecendo com sua família, principalmente, com seus filhos.

Então, nesse contexto, o advogado não adversarial entra no cenário como um profissional mais humanizado, mais empático, com demonstração de interesse e perguntas ao cliente, capaz de perceber o nível de conflito apresentado. Ser acolhedor é muito importante dentro desse novo perfil de profissional também. Ele será capaz de identificar o meio adequado de solução de conflito pertinente ao caso, sendo um grande colaborador para o sucesso do procedimento escolhido.

Por isso, esse profissional deverá utilizar-se também da comunicação não violenta, mundialmente conhecida e criada por Marshall B Rosemberg[5], sendo a base de sua comunicação com o cliente, que é a mesma base utilizada por muitos mediadores.

Como diz John Gray[6], autor de "Homens são de Marte, mulheres são de Vênus":

> As técnicas dinâmicas da Marshall Rosemberg transformam potenciais conflitos em diálogos pacíficos. Ele ensina ferramentas simples para desarmar argumentos perigosos e criar conexões de compaixão com a família, amigos e outros conhecidos.

Pensamos que as técnicas podem ser utilizadas com clientes, com todas as pessoas, para uma construção de um ser humano que sabe demonstrar uma maior calma e maior segurança ao seu cliente que chega cheio de problemas.

A resposta do cliente que se sente escutado pode ser, talvez, daquela pessoa que vai à mediação mais desarmada, mais tranquila porque não foi estimulada ao conflito por um advogado que o potencializou por meio de conclusões pessoais ou promessas de vantagens econômicas.

Utilizar a empatia pelo silêncio, por exemplo, escutando os sentimentos e necessidades, não é ferramenta privativa do profissional da área da psicologia. Hoje o profissional do direito pode e deve utilizar-se também dessa ferramenta.

Nessa mesma linha de raciocínio, temos os magistrados que também poderão se incluir dentro desse novo perfil humanizado.

---

5 ROSENBERG, Marshall B. *Comunicação Não Violenta*. Técnicas para aprimorar relacionamentos pessoais e profissionais. São Paulo: Ed. Agora, 2006.

6 GRAY, John. *Homens são de Marte, mulheres são de Vênus*. Rio de Janeiro: Rocco, 1995, p. 5.

3. O ADVOGADO NA MEDIAÇÃO

Ciente das limitações do advogado em face da resolução de conflitos, como foi dito anteriormente, o advogado, enxergando que o caso do cliente tem indicação para mediação, prepara-o para o procedimento.

Primeiramente, ele deverá explicar o que é mediação, como funciona, suas vantagens, qual será seu papel etc. Seu trabalho com seu cliente será feito de maneira muito cuidadosa e personalizada antes, durante e depois da mediação.

Ao contrário dos que muitos pensam, a mediação não veio para dificultar a vida dos advogados, acostumados a resolver as demandas, com muita sede de vencer e fazer justiça. A mediação veio para ajudar a todos, inclusive ao advogado, que terá mais rapidez no resultado da demanda, diferente de ações que terminam muitos anos depois e, muitas vezes, sem o cliente sair satisfeito. Ganham-se tempo e qualidade no trabalho. O custo benefício é muito maior, visto que a justiça será feita a ambas as partes e construída por eles mesmos, dentro de suas necessidades ouvidas e atendidas.

A mediação é um procedimento altamente inclusivo, que tem o advogado como um grande colaborador, inclusive dos mediadores.

Ele faz um trabalho antes da mediação, situando o futuro mediado quanto ao procedimento, seus benefícios ao explicar que as partes na mediação é que construirão o acordo, que o mediador é um facilitador do procedimento. Enfim, deixar o cliente ciente de como ele estará contribuindo para a segurança e sucesso do procedimento.

Nesse contexto, as partes precisam de advogados colaborativos, que saibam ouvir, intervir para clarificar as ideias do cliente, tirar dúvidas jurídicas quando necessário; estar presente na assinatura do acordo para verificar as questões legais, mas sempre entendendo que um acordo feito em uma mediação deve ser respeitado pelo advogado, já que as partes acordaram, mesmo ele acreditando que, legalmente, não seria o ideal para seu cliente. Nesse momento, entender que as partes construíram um acordo baseado no que foi possível, e não no ideal, dá ao seu cliente muita leveza e, principalmente, segurança a todos, da efetividade daquele acordo. Importante ressaltar que isso tudo não dispensa o advogado de agir e respeitar os limites da lei e da Constituição.

O posicionamento do advogado na mediação é de extrema importância, pois refletirá na postura do seu cliente na mediação. Se um advogado que participa da mediação ouve o que o cliente está falando com o outro mediado e depois, em particular, comenta sobre o que fora dito, tecendo considerações negativas, baseadas em paradigmas pessoais, esse advogado não está sendo de nenhuma forma colaborativa, muito pelo contrário, está tendo a mesma postura adversarial, o que não se busca em um advogado preparado para estar nesse espaço. Quando se entra em uma mediação como advogado, é essencial que se entenda o procedimento, sua função social e, principalmente, que essa proposta, mais que tudo, tem como base a crença na autodeterminação das partes, na capacidade que as pessoas têm de fazer suas escolhas.

A mediação é um procedimento respeitoso, no sentido mais amplo. Advogados que não conseguem entender que a vontade do cliente pode não estar de acordo com o que ele acredita ser o melhor não têm perfil para estarem em uma mediação e estarem, de fato, colaborando para seu sucesso. A atitude dele deve ser no sentido de estimular a cooperação e não a competição.

CONCLUSÃO

Conclui-se, portanto, que os meios adequados de solução de conflitos e a forma de comunicação ofertada por eles têm colocado muitos profissionais à prova, no sentido de repensar sua postura, aquela que foi construída na formação acadêmica ou imposta por uma sociedade extremamente adversarial. Desde a infância, somos estimulados em nossas brincadeiras a competir para sairmos vencedores. Ninguém nos ensina que vencer pode ser simplesmente participar e fazer o melhor que pudermos dar conta. Vencer pode significar que conseguimos superar nossos próprios limites, vencer a nós mesmos, as nossas próprias dificuldades e não sermos melhores que ninguém.

A questão de vencer é muito subjetiva, já que, como seres humanos, não conseguimos ser bons o tempo todo e oscilamos entre vencer e perder, não significando que o melhor vence e o pior perde.

No mesmo raciocínio, esse novo paradigma de cooperação, do "ganha-ganha", modifica a forma de conduzir o trabalho de um advogado ou mesmo de um juiz ao julgar um processo. Ele deve entender que o trabalho, na verdade, não é solitário, pode começar por ele, mas é, na verdade um trabalho de equipe.

O profissional que fora construído com essas bases de competição terá que mudar o perfil nos tempos de mudança de paradigmas. Obviamente, sabemos que toda mudança é lenta, que tem seu tempo e requer muito esforço por parte desses profissionais.

Um advogado colaborativo, que se utiliza das ferramentas de comunicação inclusiva, da comunicação não violenta, dos meios adequados de solução de conflitos, tem maiores chances de satisfazer seu cliente, de contribuir para todo esse movimento em prol da pacificação social.

Da mesma forma que a comunicação não violenta é ensinada e amplamente divulgada como a base para essa comunicação inclusiva, para as pessoas conviverem melhor e se comunicarem sem violência, ela pode e deve ser utilizada pelo profissional do direito; profissional esse que tem que entender que sua postura tem todo um efeito sistêmico na própria estrutura do conflito do cliente.

Como resultado, trará consequências positivas ou negativas para o grau de dificuldade do trabalho dele. O advogado que ouve seu cliente, respeita seus limites, instiga uma comunicação mais saudável, gerando opções para o próprio cliente de ganhos mútuos com o oponente, tem muito mais chance de desenvolver um trabalho de sucesso, podendo ser parceiro, um grande colaborador para o sucesso de uma mediação, de uma negociação ou de qualquer outro meio adequado de solução de conflito.

Portanto, o profissional do futuro é o profissional que tem empatia, uma comunicação clara e leve e transmite segurança a quem ele ajuda, por acreditar que as pessoas que pensam diferente não estão erradas e, sim, têm o direito de querer coisas diferentes.

O mundo está nas mãos desses profissionais que têm o conflito como a base do seu trabalho, por serem procurados para resolvê-los. Se eles mudarem sua forma de conduzir seu trabalho, certamente contribuirão para que as pessoas que irão procurá-los mudem também e assim por diante, em uma cadeia de bons pensamentos e melhores comportamentos, criando uma espiral positiva do conflito.

REFERÊNCIAS BIBLIOGRÁFICAS

BRASIL. LEI Nº 13.105, DE 16 DE MARÇO DE 2015. Código de Processo Civil. Disponível em: <http://www.planalto.gov.br/ccivil_03/_Ato2015-2018/2015/Lei/L13105.htm>. Acesso em: set. 2018.

BRASIL. LEI Nº 13.140, DE 26 DE JUNHO DE 2015. Dispõe sobre a mediação entre particulares como meio de solução de controvérsias e sobre a autocomposição de conflitos no âmbito da administração pública; altera a Lei nº 9.469, de 10 de julho de 1997, e o Decreto no 70.235, de 6 de março de 1972; e revoga o § 2º do art. 6o da Lei no 9.469, de 10 de julho de 1997. Disponível em: < http://www.planalto.gov.br/ccivil_03/_ato2015-2018/2015/Lei/L13140.htm>. Acesso em: set. 2018.

BRASIL. RESOLUÇÃO Nº 125, DE 29 DE NOVEMBRO DE 2010. Disponível em: < http://www.crpsp.org.br/interjustica/pdfs/outros/Resolucao-CNJ-125_2010.pdf>. Acesso em: set. 2018.

BOMFIM, Ana Paula Rocha do (Org.). *Manual de Mediação.* Salvador: Editora Fundação Faculdade de Direito da Bahia, 2014, p. 170.

FOLGER, Joseph P.; BUSH, Robert A. Baruch. *Mediação transformativa e intervenção de terceiros: as marcas registradas de um profissional transformador*. Novos paradigmas em mediação, 1999.

GRAY, John. *Homens são de Marte, mulheres são de Vênus*. Rio de Janeiro: Rocco, 1995.

ROSENBERG, Marshall B. *Comunicação Não-Violenta, Técnicas para aprimorar relacionamentos pessoais e profissionais*. São Paulo: Ed. Agora, 2006.

TRAJETÓRIA E POTENCIALIDADES DA POLÍTICA JUDICIÁRIA/ RESOLUÇÃO Nº 125/2010 NO ÂMBITO DO TRIBUNAL DE JUSTIÇA DO ESTADO DE MINAS GERAIS

Ana Paula Villela de Vilhena[1]
Mônica Henriques Gonçalves de Azevedo[2]

1. INTRODUÇÃO

Registra-se, neste texto, a trajetória da Política Judiciária do Estado de Minas Gerais para a questão relativa à solução consensual de conflitos, a partir da análise dos atos normativos e demais ações que determinaram a estrutura e o funcionamento dos Centros Judiciários de Soluções de Conflitos e Cidadania e dos Juizados Especiais, com sugestões de medidas de aprimoramento.

---

1 Servidora efetiva do Tribunal de Justiça do Estado de Minas Gerais. Mediadora certificada e voluntária no Setor de Mediação do Centro Judiciário de Solução de Conflitos e Cidadania de Belo Horizonte.

2 Servidora aposentada do Tribunal de Justiça do Estado de Minas Gerais. Mediadora certificada e voluntária no Setor de Mediação do Centro Judiciário de Solução de Conflitos e Cidadania de Belo Horizonte.

2. BREVES CONSIDERAÇÕES HISTÓRICAS SOBRE A CONCILIAÇÃO E A MEDIAÇÃO NO BRASIL E NO ESTADO DE MINAS GERAIS

Em 1824, a 1ª Constituição Política do Império contemplou a cultura da conciliação:

> Art. 160. Nas civeis e nas penaes civilmente intentadas, poderão as Partes nomear Juizes Arbitros. Suas Sentenças serão executadas sem recurso, se assim o convencionarem as mesmas Partes.
>
> Art. 161. Sem se fazer constar, que se tem intentado o meio da reconciliação, não se começará Processo algum.
>
> Art. 162. Para este fim haverá juizes de Paz, os quaes serão electivos pelo mesmo tempo, e maneira, por que se elegem os Vereadores das Camaras. Suas attribuições, e Districtos serão regulados por Lei.

Em 1984, a Lei Federal nº 7.244 dispôs que os Estados, o Distrito Federal e os Territórios poderiam criar Juizados Especiais de Pequenas Causas para processo e julgamento, por opção do autor, de causas de reduzido valor econômico. Os processos seriam orientados pelos critérios da oralidade, simplicidade, informalidade, economia processual e celeridade, buscando, sempre que possível, a conciliação,

A Constituição Federal de 1988, em seu art. 99, inciso I, determinou que a União, no Distrito Federal em seus Territórios e os Estados criassem Juizados Especiais, providos por juízes togados, ou togados e leigos, cuja competência seria de processar e julgar causas cíveis de menor complexidade e infrações penais de menor potencial ofensivo, mediante os procedimentos oral e sumaríssimo. Assim, o Poder Judiciário assume um importante papel de simplificação dos procedimentos judiciais perante uma sociedade que clamava por uma justiça célere e acessível, passando a ter uma participação mais efetiva e democrática na solução dos conflitos.

Em 1995, a Lei Federal nº 9.099 revogou a Lei nº 7.244, na sua integralidade, e dispôs sobre os Juizados Especiais Cíveis e Criminais, que seriam criados segundo determinação da Carta Magna, acrescentando que buscariam, sempre que possível, a conciliação e a transação.

Em 2001, a Lei de Organização e Divisão Judiciárias do Estado de Minas Gerais, Lei Complementar nº 59, art. 9º, inciso VII, elencou os Juizados Especiais como um dos Órgãos do Poder Judiciário.

Em 2006, foi criado, informalmente, um grupo de estudo de psicólogos e assistentes sociais da Comarca de Belo Horizonte com objetivo de analisar o uso da mediação de conflitos familiares na Capital, prática cujo início se deu em 2007 na 1ª vara de família da Capital, estendendo-se, posteriormente, às demais.

Em 2008, com o objetivo de institucionalizar tal projeto, houve o primeiro contato entre o "Grupo de Mediação", a 3ª Vice-Presidência e a Assessoria de Gestão da Inovação (AGIN).

Assim, em 5 de setembro de 2008, foi publicada a Portaria-Conjunta nº 126/2008, que implantou o Projeto Piloto de estímulo à mediação de Conflitos Familiares nas Varas de Família de Comarca de Belo Horizonte.

Em 2009, por meio da 3ª Vice-Presidência/AGIN, foi encaminhada minuta de Resolução à Presidência, propondo a instituição e regulamentação do Projeto Mediação de Conflitos Familiares nas comarcas do Estado de Minas Gerais.

Em 2009, a Lei Federal nº 12.153 dispôs sobre os Juizados Especiais da Fazenda Pública.

Em 2010, por meio do Provimento nº 7, a Corregedoria Nacional de Justiça definiu medidas de aprimoramento relacionadas ao Sistema dos Juizados Especiais, dispondo, em seu art. 5º, que o referido Sistema deveria adotar a prática da conciliação pré-processual como meio de solução de conflitos, observadas as diretrizes estabelecidas nos incisos I a IV.

Ainda em 2010, a Resolução nº 125/2010/CNJ dispôs sobre a Política Judiciária Nacional de tratamento adequado dos conflitos de interesse no âmbito do Poder Judiciário.

Com a finalidade de se cumprir a política judiciária, instituída pelo CNJ, o Tribunal de Justiça do Estado de Minas Gerais (TJMG) editou a Resolução nº 661/2011, que criou o Núcleo Permanente de Métodos Consensuais de Solução de Conflitos, dispondo sobre seu funcionamento, criando, ainda, os Centros Judiciários de Solução de Conflitos e Cidadania (CEJUSC).

Em 24 de novembro de 2011, foi editada a Resolução nº 682, que dispôs sobre a instalação e o funcionamento dos Centros Judiciários de Solução de Conflitos e Cidadania nas comarcas do Estado de Minas Gerais.

Em 20 de março de 2018, as Resoluções supracitadas foram revogadas pela Resolução nº 873, que passou a dispor sobre a estrutura e o funcionamento do Núcleo Permanente de Métodos de Solução de Conflitos, da Superintendência da Gestão de Inovação e do órgão jurisdicional da Secretaria do Tribunal de Justiça diretamente vinculado à Terceira Vice-Presidência, estabelecendo, ainda, normas para a instalação dos Centros Judiciários de Solução de Conflitos e Cidadania.

3. DESENVOLVIMENTO DO TEMA

Por meio de atos normativos conjuntos do Presidente, do 3º Vice-Presidente e do Corregedor-Geral de Justiça, foram instalados 128 Centros Judiciários no Estado de Minas Gerais (CEJUSCs).

Seguindo as diretrizes do Núcleo Permanente de Métodos Consensuais de Solução de Conflitos (NUPEMEC), foi idealizado o Projeto *Mutirão das Demandas Massificadas* (DPVAT, Instituições Financeiras e CEMIG), com a realização de inúmeros mutirões em comarcas diversas, contemplando feitos que tramitavam nas Varas, bem como nas Unidades Jurisdicionais dos Juizados Especiais, tendo sido tal iniciativa ganhadora do *Prêmio Conciliar é Legal*, edição do ano de 2011.

Os dados compilados no site do TJMG, de 2015 a maio de 2017, relativos aos CEJUSCs, demonstram um crescimento expressivo nas conciliações e nas mediações processuais e pré-processuais, tanto nas audiências agendadas e realizadas quanto nos acordos celebrados.

Instituída a Política Judiciária Nacional, tendente a assegurar a todos o direito à solução dos conflitos por meios adequados a sua natureza e peculiaridade, foram desencadeadas ações, visando a alcançar os objetivos traçados pela Resolução nº 125/CNJ.

No TJMG, vários programas e projetos similares, em andamento, como, por exemplo, Mediação, Juizados de Conciliação, Magistrado Conciliador, Centrais de Conciliação dentre outros, foram adaptados à nova estrutura proposta e absorvidos pelo CEJUSC.

Os cursos de capacitação de conciliadores foram ajustados ao parâmetro curricular estabelecido pelo CNJ. Após sua certificação, os mediadores e conciliadores capacitados passaram a fazer parte do Cadastro Nacional de Mediadores Judiciais e Conciliadores. Inúmeros cursos presenciais foram realizados, sendo que, atualmente, vem sendo utilizada a modalidade de ensino à distância (EAD).

Foram promovidos, ainda, seminários, congressos e similares relativos ao tema em questão.

As parcerias com órgãos públicos, instituições de ensino, empresas públicas e privadas e agências reguladoras de serviços públicos foram expandidas.

Foi ampliada a interlocução e a interação com a Ordem dos Advogados do Brasil, a Defensoria Pública, a Procuradoria e o Ministério Público por meio da participação de membros desses Órgãos em ações promovidas pelo TJMG.

Foi implantado, nos CEJUSCs, o Formulário de Avaliação, a fim de se apurar o índice de satisfação do usuário.

3.1. SUGESTÕES

Foram identificados três eixos com potencialidades de aprimoramento da Política de tratamento adequado dos conflitos de interesse no Judiciário Mineiro, quais sejam:

3.1.1. Ampliação quantitativa e qualitativa da força de trabalho nos serviços de conciliação e mediação, com melhor aproveitamento dos atuais servidores efetivos da ativa.

Observa-se que o corpo de conciliadores e mediadores, que atuam tanto nos CEJUSCs quanto nos Juizados Especiais, é composto por estagiários remunerados, servidores e voluntários, nas categorias de estudantes e público em geral. Do grupo mencionado, há uma rotatividade, imposta por legislação específica, nas categorias de estagiários e estudantes. A cultura do voluntariado vem sendo ampliada, mas não livre de uma evasão típica da natureza do vínculo.

No atual cenário de intensa modificação dos processos de trabalho, introduzida, principalmente, pela implantação do Processo Judicial Eletrônico (PJE), os processos de trabalho, relativos aos atos de ofício (autuação, expedição de documentos, atendimento às partes, juntada de documentos, numeração de folhas, etc.) já estão sendo substituídos por atividades que exigem interação com os sistemas informatizados, o que, por consequência, gera uma aproximação da máquina e um distanciamento das pessoas. Diante dessa realidade, surge a possibilidade de se criarem condições para que tanto os servidores da área judiciária quanto os das áreas administrativas sejam devidamente capacitados como conciliadores e mediadores, a fim de atuarem nos CEJUSCs e nas conciliações dos Juizados Especiais, mesmo que de forma alternada. Assim sendo, as atividades judiciárias e administrativas poderiam ser realizadas de forma alternada, mesclando-se tarefas padronizadas e rotineiras com o atendimento escalonado como, por exemplo, o atendimento, uma vez por semana, em sessões de conciliação e mediação, sem que seja alterada sua lotação de origem.

Para melhorar exemplificar a ideia, os setores do TJMG seriam incentivados a disponibilizar até 10 ou 20% de sua força de trabalho para os servidores se deslocarem, uma vez por semana, aos setores de conciliação e mediação, durante sua jornada de trabalho. Para melhor compreensão, têm-se as seguintes simulações:

a) um setor com 10 servidores disponibilizaria, para essas funções, um servidor para atuar, uma vez por semana, em dia preestabelecido, nos serviços de mediação e conciliação;

b) um setor com 50 servidores disponibilizaria até cinco servidores, também com atuação em um dia na semana, porém de forma escalonada, para não causar *déficit* significativo no setor de origem, a saber:

- José, toda segunda-feira;
- Bernardo, toda terça-feira;
- Marina, toda quarta-feira;
- Gabriel, toda quinta-feira;
- Maria, toda sexta-feira.

Considerando a jornada de 6 horas (6 x 5= 30horas), estaria ampliando-se o atendimento semanal em 30 horas.

A implantação de um projeto piloto poderia ser feita, inicialmente, em caráter voluntário, levando-se em conta a disponibilidade física dos setores de conciliação e mediação, bem como toda a logística que essa dinâmica exigirá.

Espera-se, com isso, ampliar a capacidade de atendimento, que é o aspecto quantitativo, como também melhorar a qualidade do atendimento.

Observa-se que a rotatividade de estagiários e estudantes voluntários afeta a estabilidade necessária para sessões de conciliação e mediação, bem como a qualidade pretendida. Após todo investimento em capacitação, há um revezamento impositivo, que tem gerado esforços repetitivos de contínuas capacitações desses grupos passageiros, tendo em vista que a legislação permite ao estudante permanecer no estágio por, no máximo, dois anos. É sabido que a função do estagiário não é servir como força de trabalho nos Tribunais e, sim, cumprir as exigências curriculares práticas, visando a um preparo profissional. É importante que os estagiários e estudantes voluntários continuem exercendo suas funções nos serviços de conciliação e mediação judicial. O que se pretende aqui é chamar a atenção para que outras medidas sejam pensadas, a fim de se trazer maior estabilidade e qualidade aos referidos serviços e, consequentemente, uma maior satisfação do jurisdicionado, razão de ser de toda a engrenagem.

Com a implantação do PJE e demais sistemas, o trabalho informatizado foi intensificado, e é de conhecimento geral que as atividades inerentes a tais sistemas são causadoras de desgastes de toda ordem. Por outro lado, as atividades do conciliador e mediador, ainda que exijam grande esforço técnico e emocional, são extremamente gratificantes por serem de natureza altruística.

Para se trazer maior flexibilidade à Administração, as funções de conciliador/mediador poderiam ser acrescidas às demais já existentes no Plano de Carreira.

Essas medidas não implicam em novas despesas para a Instituição.

No escopo dessa reengenharia dos processos de trabalho, afloram-se as potencialidades que o ser humano tem de melhor, ressaltando, dentre elas, a capacidade de promoção do diálogo, visando a contribuir para tão almejada paz social.

3.1.2. Fortalecimento da cultura da "Avaliação do Usuário"

Os dois primeiros índices constantes do Glossário dos Indicadores Estratégicos, disponibilizado no Portal do CNJ, dizem respeito à confiança no Poder Judiciário e à satisfação do cliente, nessa ordem.

Segundo William Edwards Deming,

> Não se gerencia o que não se mede,
> não se mede o que não se define,
> não se define o que não se entende,
> e não há sucesso no que não se gerencia.

Conforme relatado no início, muitas ações foram implementadas pelo TJMG, entretanto parece não ter havido uma real e efetiva constatação da melhoria dos resultados. Nesse contexto, há um vasto campo a ser trabalhado.

Os índices de conciliação no TJMG têm destaque positivo no cenário nacional conforme relatório da Justiça em Números 2017 – ano base 2016.

Investir na apuração de satisfação do usuário poderá oferecer subsídios para o desenvolvimento pontual de ações específicas em busca da melhoria.

3.1.3. Aprimoramento na divulgação dos dados estatísticos e da cultura da conciliação

Vale ressaltar a importância de uma comunicação acessível a toda sociedade, primando por informações claras, didáticas, lúdicas, a fim de se dar uma satisfação à comunidade, que, por sua vez, poderá entendê-las, reconhecê-las de forma positiva e, até mesmo, apresentar proposta de aprimoramento.

Importante observar, na divulgação dos dados, a oportunidade de se difundir a cultura da conciliação por meio de ações diversas, como, por exemplo, cartilhas customizadas e eficazes, levando-se em conta as peculiaridades locais.

4. CONCLUSÃO

Acredita-se que, do ponto de vista do jurisdicionado, as ações devam ser direcionadas para os seguintes pontos: ONDE conciliar e COMO conciliar.

O ONDE estaria ligado aos espaços físicos mais acessíveis à população, com atenção às camadas mais vulneráveis da sociedade.

O COMO estaria ligado ao bom atendimento nas sessões de conciliação e mediação, no tocante ao tempo de espera e qualidade (ampliação e qualificação da força de trabalho); à sistemática avaliação do usuário e, finalmente, à eficaz divulgação dos dados.

Nossas montanhas nos ensinam que, mesmo
que muitas já tenham sido escaladas, haverá
sempre um novo horizonte a ser conquistado.
(texto nosso)

A MEDIAÇÃO NO CÓDIGO DE PROCESSO CIVIL E O PAPEL DO ADVOGADO

Beatriz Aguiar Bovendorp Veloso[1]
Tereza Cristina Sorice Baracho Thibau[2]

1. INTRODUÇÃO

Constatam-se, na sociedade brasileira, desafios de diversas ordens: políticos, econômicos, sociais, morais e outros que afetam, direta ou indiretamente, a vida dos cidadãos e das coletividades. Verifica-se que existe um anseio geral pelo acesso aos direitos postos, sendo que a busca pela dignidade e o atendimento das necessidades básicas humanas têm merecido clamor evidente pela imprensa, manifestado nos jornais, na televisão e nas redes sociais. Tudo isso demonstra e registra o descontentamento da população perante os conflitos que surgem da convivência social, bem como diante das soluções adjudicadas aos conflitos denunciados ao Poder Judiciário.

---

1 Doutoranda em Direito pelo Programa de Pós-Graduação da Faculdade de Direito da Universidade Federal de Minas Gerais. Graduada em Direito e Psicologia pela Pontifícia Universidade Católica de Minas Gerais. Pós-Graduação em Mediação de Conflitos pela Faculdade Batista de Minas Gerais. Pós-Graduação em Psicologia Clínica pela Pontifícia Universidade Católica de Minas Gerais. Conselheira Estadual da TJMG. Mediadora de Conflitos certificada pelo Instituto de Mediação e Arbitragem do Brasil (IMAB).

2 Doutora e Mestre em Direito pela Universidade Federal de Minas Gerais. Bacharel em Pedagogia pela PUC Minas e em Direito pela Universidade Cândido Mendes/RJ. Professora Associada de Direito Processual Civil na Graduação e de Direito e Processo Coletivo no Programa de Pós-Graduação na Faculdade de Direito da UFMG. Professora vinculada à Divisão de Assistência Judiciária da Faculdade de Direito da UFMG. Membro do Instituto de Direito Processual (IDPro). Mediadora de Conflitos, certificada pelo TJMG.

Culturalmente a solução das controvérsias no ordenamento jurídico brasileiro, no qual predomina a técnica adversarial, privilegia soluções impostas pelo Poder Judiciário por meio de sentença como forma de finalizar as disputas entre as partes em litígio.

Nesse modelo tradicional de equacionamento dos conflitos, opera, em regra, a insatisfação gerada pela inevitável morosidade necessária à tramitação dos processos, na contramão da almejada pacificação esperada pelos jurisdicionados. Isso ocorre porque, nesse modelo, mesmo que a sentença ou acórdão tenham sido da melhor lavra, pondo fim ao conflito, haverá sempre nesse embate um perdedor e um ganhador.

Não é comum à técnica processual emitir-se nas decisões judiciais nenhum parecer quanto à resolução da lide sociológica e/ou psicológica subjacentes ao conflito dirimido. Assim sendo, a sentença poderá gerar, em certos casos, insatisfação tanto ao perdedor quanto ao ganhador, promovendo o manejo de infindáveis interposições de recursos, que delongam o equacionamento das questões analisadas pelo Judiciário, o que contribui para o emperramento da máquina estatal.

Há tendência em nossa cultura de se delegar e se buscar no Poder Judiciário as soluções para os diversos conflitos sociais, individuais ou coletivos. Conforme dados contidos no último Relatório Justiça em Números do Conselho Nacional de Justiça (CNJ) sobre a litigiosidade no Brasil, aponta-se:

> O Poder Judiciário brasileiro finalizou o ano de 2016 com 79,7 milhões de processos em tramitação. Em média, a cada grupo de 100 mil habitantes, 12,907 mil ingressaram com uma ação judicial ao longo do ano de 2016. Ingressaram 29,4 milhões de processos, crescimento de 5,6% em relação a 2015. Foram baixados 29,4 milhões de processos, crescimento de 2,7% em relação a 2015. [...] A taxa de congestionamento, que mede o percentual de processos em tramitação que não baixou durante 2016, permanece alta, com percentual de *73%*. Isso quer dizer que foram solucionados apenas *27%* de todos os processos. A taxa de congestionamento líquida, que desconsidera casos suspensos, sobrestados ou em arquivo provisório aguardando alguma situação jurídica futura, também se mantém alta, em *69,3%*.[3] (Grifos nossos)

Sobre os custos do Poder Judiciário, aponta-se ainda nesse relatório:

---

[3] CONSELHO NACIONAL DE JUSTIÇA (CNJ). Relatório Justiça em Números 2017. Disponível em: <http://www.cnj.jus.br/files/conteudo/arquivo/2017/12/b60a659e5d5cb79337945c1dd137496c.pdf>. Acesso em: 15 ago. 2018. Pg. 5 e 6 do Sumário Executivo.

> As despesas totais do Poder Judiciário correspondem a 1,4% do Produto Interno Bruto (PIB) do País. Os cofres públicos tiveram um ingresso de R$ 39,04 bilhões em 2016, em decorrência de cobranças judiciais – retorno de 46% das despesas efetuadas.
>
> Os maiores gastos foram com Recursos Humanos que consumiram R$ 75,9 bilhões (89,5%). Destes recursos, 95% destinaram-se ao custeio de magistrados e servidores ativos e inativos. Não se trata apenas do que comumente se considera salário ou aposentadoria. Incluem-se aí remuneração, proventos, pensões, encargos, benefícios e outras despesas indenizatórias.
>
> O custo mensal por Magistrado do Poder Judiciário em 2016 foi de R$ 47,703 mil. Na Justiça Estadual foi de R$ 49,093 mil, Justiça do Trabalho, de R$ 38,819 mil, Justiça Federal, de R$ 50,876 mil, Justiça Militar, de R$ 53,784 mil, Tribunais Superiores, de R$ 41,502 mil e Justiça Eleitoral, de R$ 8,782 mil. Os gastos com terceirizados representam 4,3% do orçamento de recursos humanos; 0,8% com estagiários.[4]
>
> O Judiciário possui uma Força de Trabalho total de 442,365 mil pessoas, sendo 18,011 mil Magistrados (juízes, desembargadores e ministros), 279,013 Servidores e 145,321 mil Trabalhadores Auxiliares (terceirizados, estagiários, juízes leigos e conciliadores).
>
> Entre os ramos da Justiça, a Justiça Estadual consumiu maior parte do orçamento em 2016 (56,7%), a Justiça do Trabalho (20,1%), a Justiça Federal (12,4%), a Justiça Eleitoral (6,2%), os Tribunais Superiores (4,5%) e a Justiça Militar Estadual (0,2%).

Diante dos números acima apontados, demonstram-se o claro congestionamento e a inevitável morosidade na tramitação dos inúmeros processos que paralisam o Poder Judiciário. Tal situação reflete perdas para todas as partes envolvidas, incluindo a própria máquina judiciária que se torna ineficaz em seu escopo primeiro de solucionar os conflitos concretos a ele denunciados. A desejável celeridade e razoável duração do processo, princípios processuais constitucionais, bem como o atendimento satisfatório dos interesses *sub judice,* ficam prejudicados no modelo perde-ganha. O que não acontece caso os conflitos sejam acolhidos em um modelo onde todos possam ganhar, visto que participaram diretamente da construção da sua solução, satisfazendo aos interesses comuns. Esse é o modelo denominado autocompositivo.

O Poder Legislativo pátrio apresentou-se, internamente, vanguardista ao implementar as práticas dialógicas da resolução dos conflitos entre os diplomas mais

4 Ibidem, p.13.

recentes: a Resolução nº 125/2010 do CNJ[5], a Lei da Mediação nº 13.140/de 2015[6] e o Código de Processo Civil de 2015, Lei nº 13.105 de/2015[7].

É desejável que os conflitos recebam tratamento e solução adequados, e que isso ocorra de forma célere e apropriada aos reais interesses e necessidades dos envolvidos, visando sempre a promoção do acesso à justiça. É importante, nesse cenário, considerar que o surgimento inevitável, crescente e complexo de conflitos sociais torna o modelo tradicional perde-ganha ineficiente. Assim, faz-se necessário um novo conjunto de padrões e procedimentos de resolução dos conflitos individuais e coletivos emergentes na sociedade, que não somente aquele que ocorre predominantemente pela via tradicional prante ao Poder Judiciário.

É imperioso que ocorra a rápida integração dos novos procedimentos autocompositivos entre as formas de solução dos conflitos, visto que implicam, necessariamente, a responsabilização dos envolvidos nessa solução, o que se traduz como forma de valorização da cultura cidadã, democrática e participativa, na qual os próprios cidadãos constroem a solução das controvérsias em que se envolvem, tornando-a mais adequada e satisfativa.

A ênfase neste artigo será a mediação como forma adequada de tratamento dos conflitos,[8] bem como a importante contribuição do advogado como assessor jurídico dos mediandos, atuando de modo cooperativo para o equacionamento das controvérsias.

---

5 CONSELHO NACIONAL DE JUSTIÇA – CNJ. Resolução nº 125, de 29 de novembro de 2010. Dispõe sobre a Política Judiciária Nacional de tratamento adequado dos conflitos de interesse no âmbito do Poder Judiciário Nacional e dá outras providências. Disponível em: <http://www.cnj.jus.br/busca-atos-adm?documento=2579>. Acesso em: 29 jun. 2018.

6 BRASIL. Lei nº 13.140 de 26 de junho de 2015. Dispõe sobre a mediação entre particulares como meio de solução de controvérsias e sobre a autocomposição de conflitos no âmbito da administração pública; altera a Lei nº 9.469, de 10 de julho de 1997, e o Decreto nº 70.235, de 6 de março de 1972; e revoga o § 2º do art. 6º da Lei nº 9.469, de 10 de julho de 1997. Disponível em <http://www.planalto.gov.br/ccivil_03/_ato2015-2018/2015/lei/l13140.htm>. Acesso em: 15 ago. 2018.

7 BRASIL. Lei nº 13.105, de 16 de março de 2015. Institui o Código de Processo Civil. *Diário Oficial da União*, Brasília, DF, 17 março 2015. Disponível em: <http://www.planalto.gov.br/ccivil_03/_ato2015-2018/2015/lei/l13105.htm>. Acesso em: 15 ago. 2018.

8 São meios adequados de tratamento dos conflitos: negociação, conciliação, mediação e arbitragem. Os três primeiros como forma autocompositivas de resolução dos dissensos e a arbitragem como forma heterocompositiva.

2. O CÓDIGO DE PROCESSO CIVIL DE 2015 E A MUDANÇA DE PARADIGMA NA SOLUÇÃO DOS CONFLITOS

O Código de Processo Civil de 2015 (CPC/2015), em vigência desde 18 de março de 2016, introduziu grandes contribuições para a renovação do Direito ao contemplar expressamente as formas de resolução adequadas aos conflitos.[9] Marcado pelo foco na cultura dialógica e cooperativa entre todos os atores e operadores do Direito, o CPC/2015 inovou na forma e no conteúdo dos dispositivos legais que incentivam o diálogo e o protagonismo das partes na construção de soluções que lhes pareçam apropriadas, adequadas, céleres, possíveis e efetivas para as suas controvérsias.

Pretende-se demonstrar que esse novo ritual processual cível privilegia uma cultura não litigante ou não adversarial, e assim o faz ao convidar as partes, que optarem pelos meios autocompositivos, a serem protagonistas das soluções dos próprios conflitos, que se dará por meio do diálogo intermediado por um terceiro imparcial (conciliador ou mediador) que facilitará estas tratativas e conversas. Tem-se, entre as normas fundamentais expressas no CPC/2015 e que merecem destaque, o artigo 3º, *in verbis*:

> Art. 3º Não se excluirá da apreciação jurisdicional ameaça ou lesão de direito.
> §1º É permitida a arbitragem, na forma da lei.
> §2º O Estado promoverá, sempre que possível, a solução consensual dos conflitos.
> §3º A conciliação, a mediação e outros métodos de solução consensual de conflitos deverão ser estimulados por juízes, advogados, defensores

---

9 Estas formas de resolução de conflitos nominadas em inglês de *Alternative Dispute Resolution (ADR) refers to a variety of processes that help parties resolve disputes without a trial. Typical ADR processes include mediation, arbitration, neutral evaluation, and collaborative law. These processes are generally confidential, less formal, and less stressful than traditional court proceedings.* Disponível em <http://ww2.nycourts.gov/ip/adr/What_Is_ADR.shtml>. Acesso em: 14 ago. 2018.
Esta nomenclatura de Métodos alternativos de resolução de conflitos recebeu nova abordagem a de tratamento adequado dos conflitos de interesses com a Resolução 125 de 29 de novembro de 2010 do CONSELHO NACIONAL DE JUSTIÇA (CNJ) que dispõe sobre a Política Judiciária Nacional de tratamento adequado dos conflitos de interesse no âmbito do Poder Judiciário Nacional e dá outras providências. Disponível em: <http://www.cnj.jus.br/atos-administrativos/atos-da-presidencia/323-resolucoes/12243-resolucao-no-125-de-29-de-novembro-de-2010>. Acesso em: 14 ago. 2018.

> públicos e membros do Ministério Público, inclusive no curso do processo judicial.[10]

A conciliação e a mediação têm sido confundidas pelos próprios operadores do direito.

O CPC/2015 aponta a diferença entre o papel do conciliador e do mediador conforme transcrição *in verbis* do artigo 165 do CPC/2015 nos parágrafos abaixo:

> Artigo 165. Os tribunais criarão centros judiciários de solução consensual de conflitos, responsáveis pela realização de sessões e audiências de conciliação e mediação e pelo desenvolvimento de programas destinados a auxiliar, orientar e estimular a autocomposição.
>
> § 1º A composição e a organização dos centros serão definidas pelo respectivo tribunal, observadas as normas do Conselho Nacional de Justiça.
>
> § 2º O conciliador, que atuará preferencialmente nos casos em que não houver vínculo anterior entre as partes, poderá sugerir soluções para o litígio, sendo vedada a utilização de qualquer tipo de constrangimento ou intimidação para que as partes conciliem.
>
> § 3º O mediador, que atuará preferencialmente nos casos em que houver vínculo anterior entre as partes, auxiliará aos interessados a compreender as questões e os interesses em conflito, de modo que eles possam, pelo restabelecimento da comunicação, identificar, por si próprios, soluções consensuais que gerem benefícios mútuos.[11]

Existem outras legislações específicas que merecem análise neste estudo, entre estas, a Lei da Mediação, nº 13.140/2015 que definiu esse instituto em seu artigo 1º, parágrafo único: "Considera-se mediação a atividade técnica exercida por terceiro imparcial sem poder decisório, que, escolhido ou aceito pelas partes, as auxilia e estimula a identificar ou desenvolver soluções consensuais para a controvérsia." Essa lei estabeleceu, em seu artigo 3º, que "pode ser objeto de mediação o conflito que verse sobre direitos disponíveis ou sobre direitos indisponíveis que admitam transação."[12]

---

[10] BRASIL. Lei nº 13.105, de 16 de março de 2015. Institui o Código de Processo Civil. *Diário Oficial da União*, Brasília, DF, 17 março 2015. Disponível em: <http://www.planalto.gov.br/ccivil_03/_ato2015-2018/2015/lei/l13105.htm>. Acesso em: 14 ago. 2018.

[11] BRASIL. lei 13.105 de 2015 BRASIL. Lei nº 13.105, de 16 de março de 2015. Institui o Código de Processo Civil. *Diário Oficial da União*, Brasília, DF, 17 março 2015. Disponível em: <http://www.planalto.gov.br/ccivil_03/_ato2015-2018/2015/lei/l13105.htm>. Acesso em: 17 jun. 2018.

[12] BRASIL. Lei nº 13.140 de 2015. Dispõe sobre a mediação entre particulares como meio de solução de controvérsias e sobre a autocomposição de conflitos no âmbito da administração pública; altera a Lei nº 9.469, de 10 de julho de 1997, e o Decreto nº 70.235, de 6 de março de 1972; e revoga o § 2º do art. 6º da Lei nº 9.469, de 10 de julho de 1997. Disponível em: <http://www.planalto.gov.br/ccivil_03/_ato2015-2018/2015/lei/l13140.htm>. Acesso em: 19 ago. 2018.

No § 2º do mesmo artigo 3º estabeleceu que: "o consenso das partes envolvendo direitos indisponíveis, mas transigíveis, deve ser homologado em juízo, exigida a oitiva do Ministério Público."[13]

Se o caso contemplar direitos disponíveis, a indicação da mediação deve atentar-se para o respeito e adequação da autonomia da vontade das partes envolvidas no conflito em participarem do procedimento dirigido pelo mediador, tratando-as com isonomia e esperando dessas a boa-fé, tudo isso consoante os princípios previstos tanto no CPC/2015, bem como na lei que regulamenta a mediação.[14]

Frise-se que o aceite desse convite pelos mediandos para participarem da mediação implica a compreensão pelos mesmos, quanto à necessidade de se desenvolver diálogos de cooperação mútua, visando a construção de soluções próprias e adequadas aos interesses comuns, sempre na busca do consenso possível, ainda que, ao final, não se obtenha um acordo.

Certo é que a mediação proporciona uma melhoria na comunicação dos participantes, na medida em que permite a escuta das posições e reais interesses de cada mediado que participa no procedimento. Isso, por si só, já representa um ganho para o desenvolvimento do respeito e da alteridade entre os mediandos, bem como a acomodação dos interesses que, via de consequência, possibilitará perspectivas e janelas para negociações.

Pela óptica da contemporaneidade do CPC/2015 e a mudança paradigmática nos procedimentos autocompositivos de solução das controvérsias, dispõe o artigo 334:

> Art. 334. Se a petição inicial preencher os requisitos essenciais e não for o caso de improcedência liminar do pedido, o Juiz designará audiência de conciliação ou de mediação com antecedência mínima de 30 (trinta) dias, devendo ser citado o réu com pelo menos 20 (vinte) dias de antecedência.[15]

---

13 BRASIL. Lei nº 13.140 de 2015. Dispõe sobre a mediação entre particulares como meio de solução de controvérsias e sobre a autocomposição de conflitos no âmbito da administração pública; altera a Lei nº 9.469, de 10 de julho de 1997, e o Decreto nº 70.235, de 6 de março de 1972; e revoga o § 2º do art. 6º da Lei nº 9.469, de 10 de julho de 1997. Disponível em: <http://www.planalto.gov.br/ccivil_03/_ato2015-2018/2015/lei/l13140.htm>. Acesso: em 17 jun. 2018.

14 Ibidem. Artigo 166: "A conciliação e a mediação são informados pelos princípios da independência, da imparcialidade, da autonomia da vontade, da confidencialidade, da oralidade, da informalidade e da decisão informada. De acordo com a Lei 13.140/15, os princípios que regem a mediação encontram-se insculpidos no artigo 2º sendo eles: I – imparcialidade do mediador; II – isonomia entre as partes; III – oralidade; IV – informalidade; V – autonomia da vontade das partes; VI – busca do consenso; VII – confidencialidade; VIII – boa-fé."

15 BRASIL. Lei nº 13.105, de 16 de março de 2015. Institui o Código de Processo Civil. *Diário Oficial da União*, Brasília, DF, 17 março 2015. Disponível em: <http://www.planalto.gov.br/ccivil_03/_ato2015-2018/2015/lei/l13105.htm>. Acesso em: 18 ago. 2018.

Ora, ressalte-se que o espírito do legislador perante as inovações trazidas é, sem dúvida, estimular e convidar as partes em conflito para, antes de deflagrado o processo com a apresentação da contestação, estarem abertos a essa oportunidade de autocomposição, na audiência de conciliação e mediação (prevista no artigo 334 do CPC/2015). Importa ainda pontuar que, entre os auxiliares da justiça, estão os conciliadores judiciais e mediadores, nos termos do artigo 149[16] do CPC/2015.

O artigo 6º do CPC/2015 dispõe que "Todos os sujeitos do processo devem cooperar entre si para que se obtenha, em tempo razoável, decisão de mérito justa e efetiva" ancorando um paradigma formatado em um processo cooperativo de solução de controvérsia.

O artigo 694 do CPC/15 estabeleceu que "Nas ações de família, todos os esforços serão empreendidos para a solução consensual da controvérsia, devendo o juiz dispor do auxílio de profissionais de outras áreas de conhecimento para a mediação e conciliação".

Diz ainda que as partes deverão estar acompanhadas de seus advogados ou de defensores públicos" *ex vi* § 4º do artigo 695, no qual o *caput* estabelece que "Recebida a petição inicial, e, se for o caso, tomadas as providências referentes à tutela provisória, o juiz ordenará a citação do réu para comparecer à audiência de mediação e conciliação, observado o disposto no art. 694".

Assim, verifica-se que o CPC/2015 direcionou de modo satisfativo os meios pelos quais essas novas práticas dialógicas deverão se desenvolver, marcando seu caráter inovador, que está voltado à maior participação e responsabilização dos sujeitos em conflito, na busca do melhor e mais adequado equacionamento de suas controvérsias.

Esse novo paradigma, além de facilitar a solução dos conflitos, tornando-a mais célere e eficiente, acabará por ser também catalizador da atitude de empoderamento e domínio da capacidade de negociação por parte dos sujeitos, quanto aos seus interesses perante os demais. Aqueles que se mostrarem afeitos a tal prática, certamente vivenciando pessoalmente a experiência da mediação, serão capazes de agirem de modo a prevenirem futuras controvérsias.

---

[16] BRASIL. Lei nº 13.105, de 16 de março de 2015. Institui o Código de Processo Civil. *Diário Oficial da União*, Brasília, DF, 17 março 2015. Disponível em: <http://www.planalto.gov.br/ccivil_03/_ato2015-2018/2015/lei/l13105.htm>. Os conciliadores e mediadores foram elevados à categoria de auxiliares da Justiça conforme redação dada pelo artigo 149 do CPC. Acesso em: 14 ago. 2018.

3. O PAPEL DO ADVOGADO NA MEDIAÇÃO

Consoante a Constituição da República de 1988 (CR/88), "O advogado é indispensável à administração da Justiça, sendo inviolável por seus atos e manifestações no exercício da profissão nos limites da lei".[17]

Assim também o Código de Ética e Disciplina da Ordem dos Advogados do Brasil dispõe nesse escopo no seu artigo 2º que

> O advogado, indispensável à administração da Justiça, é defensor do estado democrático de direito, da cidadania, da moralidade pública, da Justiça e da paz social, subordinando a atividade do seu Ministério Privado à elevada função à espécie pública que exerce.[18]

Nessa linha de previsões legais, aponta-se também o artigo 2º do Código de Ética e Disciplina da Ordem dos Advogados do Brasil: "São deveres do advogado [...] inciso VI – estimular, a qualquer tempo, a conciliação e a mediação entre os litigantes, sempre que possível, a instauração de litígios."[19]

Assim indaga-se: no contexto da justiça brasileira, o que deve e precisa o advogado conhecer e fazer a fim de alcançar os objetivos de atender ética e adequadamente seu cliente, sobreviver e se realizar como articulador no cenário da Justiça Brasileira?

Não há dúvidas de que o cliente, ao procurar um advogado, deseja resolver seu conflito, e contrata o advogado para a defesa dos seus interesses, quer na posição de requerente ou requerido. E o comando ético desejável do profissional do direito deve ser o de procurar uma solução abreviada e célere para o litígio o qual ele representa. Importa por isso que ele conheça quais serão as melhores opções procedimentais para aquele caso concreto em que ele está atuando.

Para o exercício desse *múnus* junto à administração da justiça, e diante do atual cenário legislativo que contempla o tratamento adequado dos conflitos e as práticas dialógicas de acesso à justiça, é desejável que o advogado compreenda como funciona a mediação, quais suas vantagens, indicações, limites, dentre outros aspectos procedimentais.

Assim ficará apto a se adequar e se preparar, bem como ao seu cliente, para uma efetiva participação nas sessões de mediação, tendo clareza dos papéis de

---

[17] Artigo 133 da CF/88. Disponível em: <http://www.planalto.gov.br/ccivil_03/constituicao/constituicaocompilado.htm>. Acesso em: 16 ago. 2018.

[18] Código de Ética e Disciplina da Ordem dos Advogados do Brasil - OAB – Resolução n. 02/2015 CFOAB. Disponível em: <https://www.oab.org.br/visualizador/19/codigo-de-etica-e-disciplina>. Acesso em: 19 ago. 2018.

[19] Ibidem.

cada participante nesse procedimento, dos limites nas negociações que poderão ser alcançadas, das vantagens e desvantagens em se acordar extrajudicialmente e, ao final, examinar cuidadosamente os termos do acordo que se fizer, caso o procedimento leve os mediandos ao consenso.

O advogado, em cada caso concreto, precisa saber avaliar qual seria o melhor procedimento a se adotar, numa óptica consultiva, perante o caso trazido pelo cliente: podendo tratar-se de procedimentos tais como uma negociação, uma conciliação, ou na linha de processo heterônomo, arbitragem ou o manejo de ação judicial no formato de solução tradicional dos conflitos.

A preparação, o estudo do caso e os reais interesses do cliente devem ser objeto de conversas com o advogado, para que a solução do caso possa ser construída nas sessões de mediação, caso opte por essa modalidade de solução ao conflito posto, devendo levar a contento possíveis e diferentes estratégias nas negociações, desde que vencidas as etapas anteriores do procedimento, especialmente a abertura de canais para comunicação entre os mediados.

Porém, uma ressalva precisa ser feita: a que todos os participantes do procedimento da mediação devem estar inspirados e adequados de forma cooperativa em relação aos interesses envolvidos e às negociações possíveis com a outra parte, como vetor preponderante nos resultados almejados pela facilitação dos diálogos pelo mediador. O mediador somente poderá atuar a contento se estiver preparado, capacitado e habituado a lidar com a matéria em discussão, seja familiar, empresarial, comunitária, criminal, dentre outras. Por isso, a formação do advogado, para atuar em procedimentos de mediação, deve ser considerada e implementada em capacitações próprias ofertadas no mercado atual.

Assim, até mesmo a escolha do mediador deverá ser orientada pelo advogado em conjunto com seu cliente, devendo o profissional procurar prospectar conhecimento no mercado, dos profissionais capacitados e com *expertise* nas diversas áreas especializadas da mediação, bem como aqueles que atuam em câmaras privadas, que oferecem esses serviços para além dos Centros Judiciários de Solução Consensual de Conflitos (CEJUSC)[20]. E, por óbvio, também deve considerar junto ao cliente os custos e os benefícios envolvidos nesse procedimento, em caráter comparativo aos custos e benefícios do procedimento judicial.

---

[20] Centros Judiciários de Solução Consensual de Conflitos (CEJUSC). O CPC/2015 no artigo 165 em seu *caput* dispôs sobre a criação destes CEJUSCS. Assim, *in verbis* tem-se: "Os tribunais criarão centros judiciários de solução consensual de conflitos, responsáveis pela realização de

O advogado deve ser considerado como o necessário assessor do cliente para o atendimento ao princípio regulado no artigo 166 do CPC/2015, quanto às decisões informadas[21] nas negociações que serão entabuladas.

Já o mediador, conforme o artigo 165, § 3º, dentro da proposta de sua atuação como facilitador dos diálogos e da comunicação entre os mediados, não deve fazer aconselhamentos técnico-jurídicos. Esse papel incumbe-se ao advogado que deverá assessorar juridicamente seu cliente ao longo do processo da mediação, especialmente nas negociações e na redação dos termos do eventual acordo. Tudo isso é importante para que se construam adequadamente os termos do acordo e suas cláusulas, que lhe darão a devida validação legal, evitando-se, futuramente, em consequência, eventuais nulidades arguíveis, já que, conforme o artigo 515, incisos II e III, do CPC/2015,[22] esse acordo, após homologação do juiz, caracteriza-se enquanto título executivo judicial.

O advogado pode auxiliar os mediandos, porém o protagonismo é das partes na busca de soluções para o conflito pela mediação. Após os mediandos encontrarem agenda comum e realizarem um *brainstorming*[23] de ideias e possíveis soluções, o aconselhamento jurídico pelo advogado é necessário. Entretanto, não se pode negar que o advogado é essencial para definir qual é a melhor estratégia para as conversas nas questões controversas, bem como para trazer aportes técnicos que possam ser aproveitados, na busca da satisfação almejada para a parte que representa.

---

sessões e audiências de conciliação e mediação e pelo desenvolvimento de programas destinados a auxiliar, orientar e estimular a autocomposição."

21 Decisão informada é um princípio previsto no artigo 166 do CPC/2015. A decisão informada pode ser compreendida como a necessidade de conhecimento pela parte dos aspectos técnico-jurídicos que precisa ter clareza na realização do acordo, quais seus direitos, deveres e as consequências das escolhas que venha a realizar se o acordo for entabulado. A Resolução nº 125/2010 assim conceituou a decisão informada "*dever de manter o jurisdicionado plenamente informado quanto aos seus direitos e ao contexto fático no qual está inserido; [...]*"

22 Artigo 515, CPC/2015 – São títulos executivos judiciais, cujo cumprimento dar-se-á de acordo com os artigos previstos neste título: I - ...; II – a decisão homologatória de autocomposição judicial; III – a decisão homologatória de autocomposição extrajudicial de qualquer natureza.

23 *Brainstorming* de ideias é um termo do inglês cuja tradução é tempestade de ideias. No caso da mediação este termo é utilizado como geração de soluções pelas partes para o caso concreto perante as questões controversas.

4. CONCLUSÃO

Os conflitos são inerentes à complexidade do convívio humano e apresentam-se em curva ascendente na realidade brasileira, especialmente considerando os desafios num cenário de crises políticas, econômicas, sociais e morais existentes no país. Há um desejo generalizado por soluções e respostas a tais desafios que devem ser construídas com o envolvimento da sociedade pelo Poder Público, bem como por entidades de iniciativa privada.

A busca e o anseio dos cidadãos por uma justiça célere, efetiva e eficiente no enfrentamento dos desafios em direção às soluções pela via tradicional (Processo Judicial) mostram-se deficientes nesse contexto, sendo imperativo que o olhar e o atuar dos operadores do direito possam levá-los a contribuir de forma cooperativa, unindo todos os esforços por uma justiça que alcance democraticamente a horizontalização dos direitos.

A participação do advogado no escopo das contribuições trazidas pelo CPC/2015 e em consonância com o espírito do legislador é de estimular o protagonismo das partes e do diálogo entre estas, por meio da presença e intervenção de um terceiro imparcial, quer seja conciliador, quer seja mediador. Ele precisa ser o norte na construção das soluções possíveis e legítimas dos conflitos que afloram entre os cidadãos e grupos sociais. Uma justiça eficiente e de fato "justa" passa, necessariamente, pela mudança de paradigma no tratamento adequado dos conflitos.

A legislação brasileira recente agasalha e efetivamente oferece contribuições para essa mudança, enfrentando o congestionamento e a morosidade da máquina judiciária na resolução dos conflitos em suas diversas espécies. Desde a Resolução nº 125/2010 do CNJ, que instituiu a política pública de tratamento adequado dos conflitos, da Lei da Mediação nº 13.140/2015, que disciplinou este procedimento; bem como da promulgação do CPC/2015 com suas importantes inovações, se verificou essa alteração na rota do tratamento dos conflitos presentes na sociedade.

Registra-se que, diante dos números apresentados nos relatórios da justiça em números, elaborados pelo CNJ, verifica-se que a nossa cultura ainda contempla e privilegia o acesso à justiça, quase que exclusivamente passando pela via do Processo Judicial, de índole adversarial (perde-ganha).

Desafiador é mudar essa cultura e seu modo operante de funcionamento, apontando-se, neste artigo, o entorno das questões trazidas no cenário da resolução dos conflitos, diante da legislação em vigor e o papel dos advogados, também fora do contexto do processo judicial.

É relevante e necessário a atenção dos advogados e das partes processuais na audiência de conciliação e mediação prevista pelo artigo 334 do CPC/2015, auxiliando e contribuindo para inserir um importante vetor nas práticas dialógicas, promovendo abertura para o tratamento adequado do conflito, bem como instituindo esta mudança cultural.

A contribuição de todos os operadores do direito, promovendo a divulgação e a assimilação dessa cultura dialógica e participativa, que envolve os sujeitos em conflito, é um caminho de esperança que deve ser construído, envidando-se todos os esforços para privilegiar o empoderamento dos cidadãos para assumirem sua responsabilidade na solução dos seus conflitos, ordem essa efetivamente democrática de acesso aos direitos para o atual contexto social.

5. REFERÊNCIAS BIBLIOGRÁFICAS

BRASIL. Lei nº 13.140, de 26 de junho de 2015. Dispõe sobre a mediação entre particulares como meio de solução de controvérsias e sobre a autocomposição de conflitos no âmbito da administração pública; altera a Lei nº 9.469, de 10 de julho de 1997, e o Decreto nº 70.235, de 6 de março de 1972; e revoga o § 2º do art. 6º da Lei nº 9.469, de 10 de julho de 1997. Disponível em <http://www.planalto.gov.br/ccivil_03/_ato2015-2018/2015/lei/l13140.htm>. Acesso em: 15 ago. 2018.

BRASIL. Lei nº 13.105, de 16 de março de 2015. Institui o Código de Processo Civil. *Diário Oficial da União*, Brasília, DF, 17 março 2015. Disponível em: <http://www.planalto.gov.br/ccivil_03/_ato2015-2018/2015/lei/l13105.htm>. Acesso em: 15 ago. 2018.

BRASIL. Constituição (1988). Constituição da República Federativa do Brasil. Brasília, DF: Senado Federal, 1988. Disponível em <http://www.planalto.gov.br/ccivil_03/constituicao/constituicaocompilado.htm>. Acesso em: 16.ago.2018.

CÓDIGO DE ÉTICA E DISCIPLINA DA ORDEM DOS ADVOGADOS DO BRASIL – OAB – Resolução nº 02/2015 CFOAB. Disponível em: <https://www.oab.org.br/visualizador/19/codigo-de-etica-e-disciplina>. Acesso em: 19 ago. 2018.

CONSELHO NACIONAL DE JUSTIÇA – CNJ. Relatório Justiça em Números 2017. Disponível em <http://www.cnj.jus.br/files/conteudo/arquivo/2017/12/b60a659e5d5cb79337945c1dd137496c.pdf>. Acesso em: 15 ago. 2018. Pg. 5 e 6 do Sumário Executivo.

CONSELHO NACIONAL DE JUSTIÇA - CNJ. Resolução nº 125, de 29 de novembro de 2010. Dispõe sobre a Política Judiciária Nacional de tratamento adequado dos conflitos de interesse no âmbito do Poder Judiciário Nacional e dá outras providências. Disponível em: <http://www.cnj.jus.br/busca-atos-adm?documento=2579>. Acesso em: 29 jun. 2018.

3
MEDIAÇÃO: CONCEITO E PRÁTICA

MEDIAÇÃO DE CONFLITOS: EXPERIÊNCIA VIVIDA, REALIDADE CONSTRUÍDA

Terezinha de Oliveira Lima Rocha[1]

Das Utopias

Se as coisas são inatingíveis... ora!
Não é motivo para não querê-las...
Que tristes os caminhos, se não fora
A presença distante das estrelas!

Mário Quintana

Registrar um percurso, um momento histórico na Justiça brasileira, em especial no Tribunal de Justiça de Minas Gerais, com a implantação de uma política pública de tratamento adequado dos conflitos de interesses, que propõe a implementação dos meios autocompositivos além dos meios heterocompositivos de solução de conflitos, por meio da Resolução nº 125/2010, instituída pelo Conselho Nacional de Justiça (CNJ), se faz necessário.

Vamos lá!

Há aproximadamente 12 anos, aconteceu o nosso encontro com a Mediação. Éramos um grupo de servidoras, psicólogas e assistentes sociais judiciais, apaixonamo-nos e dela não mais nos separamos. Esse encontro aconteceu a partir de

[1] Graduada em Psicologia. Pós-graduação pela Universidade de São Paulo (USP). Exerceu função de psicóloga judicial no Tribunal de Justiça do Estado de Minas Gerais (TJMG) no período de 1990 a 2010. Mediadora de conflitos titulada pelo Instituto de Mediação e Arbitragem do Brasil (IMAB). Mediadora judicial no TJMG desde 2007. Atualmente exerce a função de mediadora judicial no Centro Judiciário de Solução de Conflitos e Cidadania de Belo Horizonte (CEJUSC BH). Instrutora em mediação judicial certificada pelo Conselho Nacional de Justiça (CNJ) em 2011, atuando na formação de mediadores judiciais pela Escola Judicial Desembargador Edésio Fernandes do TJMG nas comarcas do estado de Minas Gerais e em outras instituições de formação de mediadores. Atua também como supervisora na formação de mediadores.

um sentimento de frustração diante da angústia e sofrimento das pessoas frente aos conflitos e desgastes refletidos nas relações familiares no decorrer do processo judicial, quando atuávamos como psicólogas e assistentes sociais judiciais, elaborando laudos técnicos para subsidiar os juízes em suas decisões.

Na ocasião nos reuníamos, sistematicamente, num grupo de estudos de mediação e passamos a investir em nossa formação. Inicialmente nos capacitamos como mediadoras junto ao Instituto de Mediação e Arbitragem do Brasil, IMAB. Já em 2007, contando com o apoio do então juiz da 1ª Vara de Família da Capital, Dr. Newton Teixeira de Carvalho, hoje desembargador, iniciamos nossa prática como mediadoras nos processos daquela Vara, utilizando o espaço cedido generosamente por ele, na sala de audiência, no turno da manhã, atendendo voluntariamente os casos. O desejo dessa formação era imenso e essa prática, por meio do atendimento dos casos, era fundamental para cada uma de nós. Chegávamos a "disputar" os casos! Diante dessa realidade, elaboramos um projeto junto à Assessoria de Gestão da Inovação (AGIN), na 3ª. Vice-Presidência do TJMG, com o intuito de que o procedimento da mediação fosse instituído. Em setembro de 2008, foi publicada a Portaria-Conjunta nº 126/2008, implantando o Projeto Piloto de Mediação de Conflitos Familiares nas Varas de Família da Comarca de Belo Horizonte.

Durante todo esse período, tivemos como parceiros, nesse grupo, alguns integrantes da comissão de mediação da OAB/MG, que também iniciava, naquela ocasião, o movimento pela mediação. Assim, começamos a nossa prática com a mediação no TJMG por intermédio da Mediação Familiar. Com a publicação da Resolução nº 125/2010 pelo CNJ em 29 de novembro de 2010, iniciamos um novo período na história do judiciário brasileiro com a instituição de uma Política Judiciária Nacional de tratamento adequado aos conflitos. O objetivo dessa política era estimular práticas que já vinham sendo adotadas em alguns tribunais, práticas estas, inclusive a nossa, que apresentavam resultados positivos.

Bem, muitas coisas aconteceram...

Atualmente temos um Centro Judiciário de Solução de Conflitos e Cidadania (CEJUSC) em pleno funcionamento, em um prédio próprio – Fórum de Conciliação, Mediação e Cidadania, onde contamos com um juiz coordenador e um juiz cooperador, uma secretaria, o Setor de Cidadania, Serviço Integrado de Atendimento ao Cidadão (Siac), os Setores Processual e Pré-Processual, responsáveis pela realização das audiências de conciliação e das sessões de mediação. Somos cinco mediadoras e atendemos às partes processuais dos processos encaminhados pelos juízes e também pelo Setor de Conciliação quando o conciliador, durante a audiência, identifica a indicação daquele caso para a mediação.

Outro trabalho de destaque por sua importância, realizado por nós no CEJUSC, são as Oficinas de Pais e Filhos, recomendadas pelo CNJ. Essas oficinas têm como objetivo ajudar e informar as pessoas a ter uma melhor compreensão sobre os efeitos que o divórcio produz nos seus filhos, auxiliando-as a lidar melhor com esse momento de sua vida. O estímulo é para que possam estabelecer, a partir desse momento difícil, uma boa parceria parental, protegendo seus filhos dos efeitos danosos do conflito. As pessoas são encaminhadas a participar pelos juízes, pelos psicólogos, pelas assistentes sociais judiciais, pelos profissionais da rede de atendimento como o CRAS e outros e também pelos mediadores. Encaminhamos os casos que estão em atendimento na mediação ou que irão iniciar ou já encerraram o procedimento. O retorno que elas nos trazem a respeito dessa experiência é bastante positivo e favorecem sobremaneira os resultados obtidos nas mediações como também promove uma estabilização emocional da família e provoca uma visão mais positiva e satisfatória das pessoas em relação ao Judiciário, especificamente nas demandas familiares. As crianças e adolescentes também apresentam uma avaliação muito positiva desses encontros através de expressões como: "Não é sua a culpa! Não se preocupe, isso vai passar logo". "Não fique triste, você não vai sofrer sozinho. Tudo passa."

Como iniciamos nossa prática aqui no TJMG por meio da mediação familiar, gostaria de trazer um pouco dessa experiência.

A Mediação de Família nos leva a um encontro com o amor – o amor e o desamor ... muitos sentimentos, ressentimentos, muita dor, mas, também, muitas possibilidades a partir desse momento tão difícil!

Tomando emprestado de nossos compositores, Roberto Carlos e Milton Nascimento, nas sessões de mediação no CEJUSC BH os casos se apresentam mais ou menos assim:

> (...)
> Ah, eu vim aqui, amor
> só pra me despedir,
> E as últimas palavras deste nosso amor,
> Você vai ter que ouvir...
> (...)
> Quando você foi embora
> Fez-se noite em meu viver.
> Forte eu sou, mas não tem jeito,
> Hoje eu tenho que chorar.
> Minha casa não é minha,
> E nem é meu este lugar.
> Estou só e não resisto,
> Muito tenho que falar...

Vamos então a algumas reflexões sobre nossa vivência nesses anos de prática em mediação no Tribunal de Justiça de Minas Gerais.

Como vamos tratar de mediação familiar, importante situar o que chamamos de família. Segundo o Conselho Nacional de Justiça, podemos definir família como um sistema em que pessoas ligadas por consanguinidade, afinidade, corresidência integram uma estrutura de afetividade e convivência. E expõe também que: um sistema precisa ser estável e, ao mesmo tempo, capaz de absorver mudanças ou se flexibilizar diante das naturais mudanças que a família será exposta.

Evidenciam-se múltiplas configurações familiares, existindo diversos tipos de entidades familiares. A família sofreu grandes transformações e para o mediador de família é fundamental que ele tenha uma visão ampliada e neutra a esse respeito.

Atualmente, consideramos família não só aquela tradicional, em que pai, mãe e filhos vivem juntos. Há outros modelos de família e todos eles visam à promoção do afeto e do bem-estar social. Portanto, diante de uma separação, a família não termina, ela apenas modifica a sua configuração.

A mediação familiar traz um espaço onde casais que estão se separando podem se encontrar e falar sobre as questões que precisam ser resolvidas. É uma oportunidade, dentro do Judiciário, para que elas possam dialogar, ouvir um ao outro e, talvez, pela primeira vez, depois de um longo período sem comunicação. Muitas vezes, as pessoas não se escutam e, quando isso acontece, acabam modificando suas percepções e atitudes. O que se destaca, nesses encontros, é uma escuta polarizada, voltada para a preocupação em "responder", em se justificar e não, de fato, para compreender o que o outro está dizendo com todas as suas nuances de emoção. As pessoas querem ter razão, ganhar e para isso o outro precisa perder.

A mediação de família é um processo autocompositivo onde as partes são auxiliadas pelo mediador, um terceiro imparcial, a terem uma conversa sobre os seus interesses, suas questões e dificuldades, incentivados a assumirem o protagonismo da solução de seus conflitos, responsabilizando-se pela própria vida e pela vida dos filhos. Esse resultado, com a retomada de uma comunicação entre eles, traz, consequentemente, empoderamento e autonomia a essas pessoas e, como consequência, uma estabilidade familiar, objetivo maior da mediação de família.

O conflito, com certeza, está presente nas complexas e dinâmicas relações familiares, considerando que ele é inerente à condição humana. Os conflitos sempre existiram e são inevitáveis. O senso comum traz uma ideia negativa acerca do seu significado, na maioria das vezes como algo desastroso e indesejável ou mesmo como sinal de fraqueza, como algo que deve ser evitado ou reprimido. Entretanto, os conflitos detêm um potencial construtivo e catalizador que podem servir de estímulo e propulsão na busca de novos arranjos e possibilidades.

Os relacionamentos familiares, por definição, são relacionamentos que precisam perdurar. Quando a relação conjugal termina, geralmente torna-se impossível a convivência e as dificuldades são muitas. É uma ruptura que vai muito além da separação do casal. É uma crise difícil de ser superada, especialmente numa família com filhos. Junto com a separação surgem muitas perdas e múltiplas questões como o desgaste emocional e psíquico, a questão financeira, a perda da rotina, muitas vezes o afastamento das famílias e de amigos. O sofrimento é muito grande para todos.

A partir do momento em que ajuízam a ação, por meio da petição inicial, a guerra está declarada e o pensamento, daí em diante, é ganhar ou perder. O desgaste é imenso, tornando-se mais acentuado quando os filhos são colocados e usados naquele conflito. A perda da convivência diária com um dos pais, o sentimento de rejeição, desamor, abandono e culpabilidade são sentimentos difíceis de administrar. Os filhos, muitas vezes, se sentem culpados e responsáveis pela separação dos pais, exigindo deles uma atenção especial e cuidados num momento em que estão tão vulneráveis e fragilizados. Além de vários aspectos práticos a serem resolvidos, há uma perda a elaborar, acompanhada de sentimentos muitas vezes confusos, contraditórios, difíceis de serem compreendidos. Segundo pesquisas, o divórcio é o evento que mais causa impacto na vida de uma pessoa, perdendo apenas para a morte.

Os conflitos familiares ao serem judicializados, na grande maioria das vezes, se transformam em lides processuais, que, em grande número de casos, se agravam ao longo do processo judicial, trazendo frustração diante de procedimentos muitas vezes lentos, insatisfatórios e dispendiosos, pois, geralmente, não alcançam os reais interesses dos envolvidos. O que percebemos é que a decisão judicial, muitas vezes, não extingue o conflito; ela resolve e responde pontualmente a demanda que lhe é encaminhada, o que, nos processos de família, pode trazer um agravamento.

A mediação familiar surge como uma possibilidade de se tratar o conflito, numa abordagem interdisciplinar, utilizando diversas áreas do conhecimento humano. O objetivo é muito mais do que um acordo: uma estabilização na dinâmica das relações familiares. A mediação dá especial relevância aos sentimentos e interesses dos envolvidos no conflito, estimulando a autonomia e o empoderamento das pessoas, proporcionando a elas assumirem o controle das decisões, participando das decisões que afetem suas vidas.

Espera-se do mediador de família uma postura sem julgamentos, que busque estimular um diálogo cooperativo entre os envolvidos e a sua criatividade no intuito de buscarem soluções, saindo de suas posições polarizadas. As partes são os atores principais e nesse sentido é imprescindível que o mediador se coloque no lugar de gestor de conflitos, com uma postura isenta de julgamentos, conselhos, orientações ou respostas. Ele é o condutor do procedimento e deve ter a habilidade e competência na utilização de técnicas que promovam a despolarização da comunicação. Levar as pessoas a se escutarem e perceberem que não se trata de apontar quem está certo e quem está errado, quem é vítima e quem é culpado; o trabalho do mediador é no sentido de que as pessoas possam rever suas visões acerca do ocorrido, compreendendo que uma maneira de encontrarem uma solução possa ser a construção de um acordo onde possa partilhar as semelhanças, respeitando as diferenças.

O mediador opera com um modelo de comunicação entre as pessoas, favorecendo com que elas possam ter a percepção dos fatos por novos ângulos, por outras perspectivas. Isso favorece para que eles possam compreender de outra forma aquilo que inicialmente pensam, ou seja, as suas posições até então adotadas. O conflito é visto não como verdades ou mentiras, culpados ou vítimas, certo ou errado, mas como formas distintas de se perceber e vivenciar uma mesma situação. A mediação deve propiciar às pessoas a compreensão dessas narrativas e despertá-las para a percepção de possibilidades da construção em conjunto de outras saídas que possam atender aos interesses e às necessidades de ambos, resultando ou não num acordo.

Atendemos um caso de um processo em que uma filha, por meio de sua mãe, a representante legal, trazia como pedido não mais conviver com o pai. Essa adolescente, com seus 16 anos, trazia muita mágoa e ressentimento em relação ao seu pai. Cerca de quatro anos antes, aconteceu um desentendimento entre eles, onde essa filha se sentiu extremamente desrespeitada pelo pai e ele, por seu lado, avaliava a conduta da filha como uma forma de enfrentamento desrespeitoso à sua autoridade paterna. Desde então, a convivência foi interrompida e não mais se falaram. A mãe dessa adolescente também não facilitou a convivência, colocando-se ao lado da filha a qual considerava como uma vítima daquele pai. Este, por se sentir afrontado pela filha, inicialmente se afastou, não procurando por ela e, tempos depois, quando tentou uma aproximação, não foi possível estabelecer uma convivência entre eles.

Diante da complexidade do conflito apresentado, avaliamos a indicação de iniciarmos com sessões individuais, vislumbrando um acolhimento, propiciar às partes a possibilidade de se colocarem mais tranquilamente e também de compreendermos e assim mapear melhor o conflito apresentado.

Iniciamos a mediação com atendimentos individuais ao pai, à mãe e à filha, o que nos possibilitou identificar melhor o conflito perceber que ele se localizava entre pai e filha e, assim, decidimos conduzir a mediação entre eles, com a permissão da mãe que era a representante legal da filha.

Conduzimos grande parte dessa mediação com sessões individuais considerando a dificuldade da filha de estar diante desse pai e a necessidade inicial de validarmos os sentimentos de ambos. O sofrimento dessa adolescente, muitas vezes, durante o procedimento, apareceu sob a forma de sintomas psicossomáticos, quando ela se apresentava adoecida, com distúrbios digestivos, cefaleia. Ela se submetia já há algum tempo a tratamento psiquiátrico e psicoterápico. As sessões individuais foram importantes, pois, além de permitir validar os sentimentos e identificar os interesses de ambos, nos possibilitou trabalhar cuidadosamente com a técnica de inversão de papéis, buscando uma despolarização e o desenvolvimento de um sentimento de empatia, estimulando-os a criar possibilidades e propostas de resolução possíveis a partir dos seus interesses e necessidades.

Após alguns atendimentos em sessões individuais, foi possível um encontro entre eles. Naquele momento conseguiram se olhar, puderam dizer um ao outro como foi aquela cena anterior que provocou o conflito entre eles, os sentimentos advindos daquela situação como também de outras vivências passadas. O pai inicialmente se desculpou, pedindo perdão e dizendo do seu amor e do seu desejo de poder estar mais próximo dela. A filha, por sua vez, pôde dizer a ele que, naquele momento, não seria possível uma convivência entre eles em razão de todo o sofrimento e sequelas psicológicas e afetivas vividas por ela.

Pediu a ele: "preciso me tratar, estou adoecida com tudo o que vivi. Me respeite agora: preciso de um tempo."

Ele: "Posso ligar pra você? Quero saber da sua vida, o que você faz, o que você gosta ... se precisa de mim!"

Ela disse que ainda não, mas que ele poderia ter notícias por meio de seu padrinho, um tio materno. O pai expressou sua alegria diante daquela possibilidade, dizendo que queria respeitá-la nesse momento e que aguardaria o momento em que ela se sentisse bem para que pudessem retomar uma convivência mais próxima. A filha expressou sua satisfação em relação à postura do pai de respeitá-la, o que, para ela, não havia acontecido anteriormente durante o conflito entre eles.

E esse foi o acordo que conseguiram construir e, com certeza, o início de uma reaproximação, mas de uma forma prospectiva, nova. Foi o acordo possível para eles naquele momento, o qual trouxe certa estabilidade emocional a essa família e a possibilidade de uma convivência futura. Durante a formalização do acordo, conversaram sobre outras questões, quando o pai procurou saber um pouco mais sobre a filha, seus objetivos, suas atividades, enfim, sobre sua vida. Foi um momento de certa descontração e harmonia que há muito tempo não vivenciavam. Ambos saíram satisfeitos com o resultado da mediação. O processo foi baixado.

Um acordo na mediação deve retratar o que as partes desejam e também conter a forma como elas decidiram lidar com aquela situação, já que foi construído por elas, assegurando-se os direitos e a legalidade respaldada pela assessoria jurídica dos advogados.

A mediação possibilita às partes a construção de uma solução mutuamente aceita para que possam dar continuidade a um relacionamento construtivo, sem enfrentamentos. O objetivo é construir uma nova relação a partir daquele momento, com a atenção voltada ao futuro e não aos acontecimentos anteriores. Quando as situações envolvem a convivência com os filhos, o foco é no interesse comum entre eles, ou seja, os filhos, ressaltando o fim da relação conjugal e a importância da relação parental, do pai e da mãe, não mais do homem e da mulher. Uma nova parceria que precisa ser construída e estabelecida por eles a partir desse momento. É esse o caminho para a estabilização familiar.

A mediação, antes de ser um processo em si, é um processo que promove o fortalecimento da capacidade das pessoas na resolução de seus conflitos, a sua autonomia, atuando como mecanismo preventivo e pedagógico. Na prática, percebemos que, mesmo em um caso em que não foi possível alcançar um acordo, os ganhos são bastante evidentes em relação ao tratamento do conflito. Muitas vezes, após a mediação, a comunicação é retomada e, posteriormente, na audiência com o juiz, em muitos casos, é possível uma solução que traga satisfação a todos eles. A aposta da mediação é de que as pessoas possam encerrar uma mediação com os versos de Milton Nascimento na canção Travessia: "Eu não quero mais a morte, tenho muito que viver."

Os advogados na mediação são sempre parceiros de grande importância, assistindo o seu cliente e atuando de forma colaborativa. Sua colaboração está no estímulo, incentivo e assessoria técnica. O advogado fará sempre a assessoria, estando presente ou não nas sessões. O seu papel numa sessão de mediação é diferente daquele que desempenha em uma audiência. A proposta da mediação, assim como ele?? (ele quem?), visa aos interesses e às necessidades dos seus clientes, e a ser um lugar onde as partes têm o papel principal e onde não se faz necessário convencer ninguém quanto aos fatos ou direitos. Sua função é de estímulo e credibilidade na mediação, incentivo para que seu cliente tenha uma postura cooperativa e proporcione segurança jurídica às partes.

Certa vez, durante o atendimento de um caso de regulamentação de convivência e alimentos, contamos com a participação dos advogados, os quais estiveram presentes durante todo o procedimento da mediação, apoiando seus clientes, demonstrando confiança e, muitas vezes, trazendo ideias e propostas. Em determinado momento, ao ouvir os seus clientes relatando sobre os seus sentimentos e necessidades, fizeram uma conexão com suas vivências pessoais, possibilitando, dessa forma, uma normalização dos conflitos familiares que, como se diz popularmente, só mudam de endereço. Assim, essa mediação nos mostrou claramente que a participação do advogado colaborativo é muito importante para os seus clientes e reflete de maneira muito positiva na construção do acordo.

A mediação se propõe a acolher as narrativas de cada mediando e a ajudá-lo a perceber que tais visões podem ser refeitas. É a oportunidade de redescobrir o papel parental, criar novas regras de convivência e aprender a prevenir conflitos futuros. O mediador não deve perder de vista o objetivo primeiro da mediação; a retomada de alguma comunicação entre as pessoas, uma compreensão maior do que se passou, por meio de uma visão positiva e construtiva do conflito.

Assim, importante destacar que o grande objetivo da Mediação é a possibilidade de se pensar os conflitos de uma forma mais ampla, buscando a construção por meio de sua transformação, pois a dinâmica processual, a decisão judicial e os acordos forçados não têm como efeito a transformação e a resolução dos conflitos.

Existem outras possibilidades de aplicabilidade da mediação familiar, além dos casos de dissolução da relação conjugal, como nos casos de guarda, convivência, alimentos, adoção, idosos e em disputas sucessórias.

Citando o rabino Nilton Bonder no livro "Tirando os sapatos":

> Talvez mediar não seja resolver. Talvez mediar seja apenas a tarefa de desfazer muros e olhar nos olhos. Compreender que não podemos retirar as incertezas e que os caminhos não são feitos de estrada, mas de encontros e de atenção. Transformando opiniões e juízos em histórias.

Referências Bibliográficas:

BACELLAR, Roberto Portugal. *Juizados Especiais*: a nova mediação paraprocessual. São Paulo: Revista dos Tribunais, 2003.

BONDER, Nilton. *Tirando os sapatos*. Rio de Janeiro: Editora Rocco, 2008.

BUSH, R. A. Baruch; FOLGER, J. P. El futuro de la mediación: qué está em juego y qué es importante. In: BUSH, R. A. Baruch; FOLGER, J. P. *La promesa de la mediacion*. Buenos Aires: Ed. Ediciones Granica S.A., 1996, p.18-35.

COSTA, Alexandre. Cartografia dos Métodos de Composição de Conflitos. *Estudos em Arbitragem, Mediação e Negociação* Vol. 3 / André Gomma de Azevedo (Org.) – Brasília: Grupos de Pesquisa, 2004.

DEUTSCH, Morton. The resolution of conflict: constructive and destructive processes. New Haven and London: Yale University Press, 1973. Pp. 1-32; 349-400. Traduzido por Arthur Coimbra de Oliveira e revisado por Francisco Schertel Mendes, ambos membros do Grupo de Pesquisa e Trabalho em Mediação, Negociação e Arbitragem.

FISHER, Roger; URY, William; PATTON, Bruce. *Como Chegar ao Sim*. Rio de Janeiro: Ed. Imago Editora, 2005.

GROENINGA, Giselle Câmara. Um novo paradigma – *Revista Brasileira de Direito de Família*. Ed. Porto Alegre, n. 40, p.160, fev./mar. 2007.

AZEVEDO, André Gomma (Org.). *Manual de Mediação Judicial*. 4. ed. Brasília/DF: Ed. Ministério da Justiça/Conselho Nacional da Justiça e Programa das Nações Unidas para o Desenvolvimento, 2015.

RESOLUÇÃO Nº 125/2010 do Conselho Nacional de Justiça. Política Judiciária Nacional de tratamento adequado dos conflitos de interesses no âmbito do Poder Judiciário, editada em 29/11/2010. SCHNITMAN, Dora Fried (Org.). Nuevos paradigmas em la resolución de conflitos: perspectivas y prácticas. Buenos Aires: Ed. Granica, 2000.

SILVA, Cyro Marcos. *Entre autos e mundos*. Belo Horizonte, vol. 4, 2003.

SIX, Jean-Fançois. *Dinâmica da Mediação*. Belo Horizonte: Ed. Del Rey, 2001.

A MEDIAÇÃO DE CONFLITOS NO CAMPO JUDICIAL COMO MEIO DE REALIZAÇÃO DA AUTONOMIA E DA RESPONSABILIDADE DAS PESSOAS

Cleide Rocha de Andrade[1]

1. INTRODUÇÃO

Neste texto, nosso propósito é apresentar a mediação de conflitos como meio de realização da autonomia e responsabilidade dos mediandos e, como tal, destacar sua importância na abordagem dos conflitos interpessoais, em especial, no campo judicial.

Segundo concepção filosófica, a origem etimológica da palavra autonomia vem do grego *autos* que corresponde a "de si mesmo, por si mesmo, espontaneamente" e significa aquele que é capaz de governar sua própria vida a partir de seus próprios meios, valores, vontades ou princípios. A partir disso, podemos conceituar autonomia como a qualidade de ter independência, de ter a liberdade para tomar decisões, de ter responsabilidade sobre seus próprios atos, de ter autossuficiência.

Quanto à palavra responsabilidade, ela está relacionada com a palavra em latim *respondere*, que significa "dizer, escrever em resposta". Já o termo responsabilidade é um substantivo feminino latino que demonstra a qualidade do que é responsável, ou obrigação de responder por atos próprios ou alheios, ou por uma coisa confiada. Dessa forma, uma pessoa que seja considerada responsável por uma situação ou por alguma coisa terá que responder se alguma coisa ocorre bem ou, ao contrário, de forma desastrosa.

[1] Doutoranda em Psicologia, Mestre em Psicologia, graduada em Filosofia, psicóloga clínica e mediadora judicial de conflitos. Supervisora e instrutora de cursos de conciliação e mediação judiciais, capacitada pelo Conselho Nacional de Justiça. Mediadora titulada pelo Instituto de Mediação e Arbitragem do Brasil.

Em nossa experiência como mediadora judicial[2], consideramos que a proposta fundamental da mediação de conflito é propiciar que os envolvidos em uma situação de conflito reconheçam suas responsabilidades na construção dos impasses e, primordialmente, se orientem autonomamente para a busca de possibilidades de enfrentamento e superação das divergências, numa busca de entendimentos em que as diferenças de concepções de mundo e valores possam coexistir. Para tal, é primordial a implicação dos envolvidos com as demandas conflitivas trazidas para apreciação judicial, ou seja, cada qual deve situar-se como participante daquilo que se queixa. Todavia, o projeto da mediação não é buscar motivos que, no passado, levaram os litigantes ao desentendimento, ou procurar estabelecer culpados. Ela almeja situar cada litigante na responsabilidade de exercer sua liberdade para decidir e fazer escolhas sobre o desfecho da sua demanda. Estimular as pessoas a falarem de si próprias e de suas necessidades, ajudá-las a ouvir o outro e as necessidades dele, reconhecer semelhanças e lidar com diferenças, é este o ofício, a arte da mediação e dos mediadores.

Segundo Folger & Bush (1996), a mediação de conflitos é uma construção humana que precisa englobar as necessidades de legitimação e reconhecimento dos mediandos. A legitimação significa a devolução aos indivíduos do sentido de seu valor, de sua força e de sua própria capacidade para enfrentar os problemas de sua vida. Quanto ao reconhecimento, implica evocar nos indivíduos a aceitação e empatia em relação aos sentimentos e os problemas do outro. Para tais autores, quando se utiliza os conflitos como oportunidades de crescimento humano e ético, realiza-se o potencial transformador da mediação.

Segundo Costa (2004)[3], o Direito se vê diante da necessidade de "construir novos padrões teóricos e práticos para lidar com velhos fenômenos, vistos de forma renovada." Até então, a percepção do jurista sobre os conflitos é que deveriam ser eliminados, daí a aposta na sentença judicial como meio de pôr fim a eles. A constatação de que nem sempre a sentença pacifica, e que muitas vezes, contribui para aguçar o desentendimento entre as partes envolvidas, levou à crítica da decisão judicial como meio privilegiado de resolução dos conflitos. Com a crise dessa visão, na atualidade, o termo "conflitos", de modo genérico, passou a evidenciar "tensões dos mais variados tipos e origens, com os mais variados modos

2 Desde 2011, a autora artigo faz parte do corpo de mediadores de conflitos do Tribunal de Justiça de Minas Gerais (TJMG). Atua no Centro Judiciário de Solução de Conflitos e Cidadania de Belo Horizonte/MG, local em que ocorrem as práticas de conciliação e mediação de conflitos na abordagem de processos judiciais de família, entre outras demandas processuais.

3 COSTA, Alexandre Araujo. Cartografia dos Métodos de Composição de Conflitos. In: AZEVEDO, André Gomma de (Org.). *Estudos em Arbitragem, Mediação e Negociação*. Brasília: Grupos de Pesquisa, vol. 3, 2004, p.162.

de desenlace, exigindo estratégias as mais diversas para o seu enfrentamento"[4]. Dessa reflexão e da necessidade de ampliar possibilidades de lidar com as situações conflitivas, surgiram os métodos alternativos de resolução de conflitos, hoje incorporados na nossa cultura como "meios adequados de resolução de conflitos" segundo o texto da Resolução nº 125/2010[5], estabelecido pelo Conselho Nacional de Justiça. Além disso, temos as recentes alterações no Código de Processo Civil que destacam a importância da conciliação e da mediação como meios de resolução de conflitos em que as partes envolvidas assumem o protagonismo na tomada das decisões e a Lei nº 13.140 (Lei de Mediação), promulgada em 26 de junho de 2015, que promove a mediação como meio de solução de controvérsias e destaca sua condição de atividade técnica que dever ser exercida por terceiros imparciais, capazes de auxiliar e estimular as pessoas a desenvolverem soluções consensuais para seus conflitos.

Desse modo, no campo da Justiça, a mediação busca oportunizar o espaço de diálogo entre as pessoas em conflito. O terceiro imparcial, o mediador, intervém para solicitar que os mediandos expressem, por meio de suas narrativas, lamentações e queixas, as necessidades submersas na trama dos autos processuais e revelem os interesses ocultos que os movem na demanda litigiosa.

Diante do terceiro imparcial que medeia a situação, sem impor julgamentos de valor, no curso da mediação, cabe a cada mediando escutar a si próprio, escutar o outro do conflito, veicular afetos, temores e apreensões. É dessa escuta incondicional que emergem os significados que os conflitos têm para cada mediando e sua percepção particular de mundo.

Costa (2004) destaca que a linguagem está para além de um simples meio para negociar a resolução de disputas: é preciso reconhecer que os conflitos têm uma dimensão linguística

> (...) no sentido de que eles são constituídos pela nossa percepção das relações vividas, que são reconstruídas linguisticamente dentro de uma narrativa pessoal. Nessa medida, alterar a percepção que uma pessoa tem do conflito significa modificar o próprio conflito, pois é possível modificar o modo de comportamento entre as pessoas nele envolvidas. Passou-se, então, a pensar na intervenção na própria estrutura do conflito, alterando a dimensão simbólica da relação conflituosa (ou seja, alterando o modo como as pessoas percebem os fatos que elas qualificam como conflituosos) e,

[4] Idem, p.162.

[5] A Resolução 125/2010 do CNJ estabeleceu a *Política Judiciária Nacional de tratamento adequado dos Conflitos de interesses no âmbito do Poder Judiciário* que trata do fomento às práticas autocompositivas de conciliação e mediação de conflitos com o escopo de pacificação social.

> consequentemente, abrindo novas portas para a transformação dessa relação. Como elaboramos linguisticamente a própria realidade (ou, ao menos a linguagem é um elemento importante na percepção do que chamamos de realidade), é possível intervir na própria maneira como pensamos o nosso conflito. Ora, como um conflito não existe fora da percepção (ainda que inconsciente) das pessoas, intervir na elaboração simbólica do conflito significa promover a transformação do conflito em si (e não apenas nos seus resultados ou consequências). Esse conjunto de percepções conduz à valorização da mediação como elemento de transformação das relações sociais (...) e o reconhecimento do aspecto linguístico e simbólico das relações.[6]

Concordamos com o autor acima de que a mediação opera auxiliando as pessoas a revisitarem suas percepções sobre o conflito e isso ocorre quando elas são convocadas a refletir sobre sua participação nele. Ocorre também quando se perguntam sobre seus desejos e necessidades, suas frustrações e medos e se deparam com a dimensão da alteridade que o outro representa.

Nas palavras de Drummond, essa diferença entre eu e o outro se expressa de modo tenaz no poema *"O outro"*:

> Como decifrar pictogramas de há dez mil anos
> se nem sei decifrar
> minha escrita interior?
>
> Interrogo signos dúbios
> e suas variações caleidoscópicas
> a cada segundo de observação.
>
> A verdade essencial
> é o desconhecido que me habita
> e a cada amanhecer me dá um soco.
>
> Por ele sou também observado
> com ironia, desprezo, incompreensão.
> E assim vivemos, se ao confronto se chama viver,
>
> unidos, impossibilitados de desligamento,
> acomodados, adversos,
> roídos de infernal curiosidade.
>
> (Drummond, Carlos. *O outro, 1992*)

---

[6] COSTA, Alexandre Araujo. Cartografia dos Métodos de Composição de Conflitos. In: AZEVEDO, André Gomma de (Org.). *Estudos em Arbitragem, Mediação e Negociação.* Brasília: Grupos de Pesquisa, vol. 3, 2004, p. 164.

No campo judicial, especialmente nas demandas que envolvem famílias em processos de divórcio, é frequente que as pessoas apresentem suas queixas em relação ao outro, atribuindo exclusivamente a ele as razões de seu sofrimento. Na ilusão de que "o inferno são os outros",[7] segundo expressão do filósofo existencialista Sartre, as pessoas renunciam à sua implicação com decisões e escolhas de outrora, declarando-se adversárias de parceiros por elas próprias eleitos.

O mediador tem um papel fundamental na mudança de perspectiva dos mediandos em relação aos conflitos. Diferentemente do juiz, que tem o poder da decisão onde não há consenso entre as partes, o mediador de conflitos é um terceiro facilitador da comunicação entre os envolvidos na situação de disputa. Seu papel na mediação é ajudar os mediandos a recorrer à linguagem como meio para que cada pessoa possa estabelecer o que tem valor de justo para si, no contexto da relação com a outra. Para tanto, cabe-lhe criar o espaço de diálogo no qual os litigantes são convidados a dizer das necessidades e afetos que motivaram sua vinda ao cenário judicial. Compete-lhe escutar os conflitos a serem mediados como questões humanas que não comportam julgamento, conselhos, orientações ou respostas, e oferecer-se para acolher a singularidade de cada mediando. O mediador transita entre diferentes verdades e trabalha para que cada participante tenha legitimada a sua verdade particular e, concomitantemente, reconheça a verdade do outro. Desse modo, a mediação lida com a verdade como algo que não está posto nos fatos, mas como algo que remete àquele que, por meio de sua experiência da consciência, formula-a, confere-lhe sentido e significação própria. Como cada qual atribui sentido ao que lhe afeta segundo seus valores e campo de experiências pessoais, deparamo-nos com versões diferentes sobre a apreensão de um mesmo fato, o que nos permite dizer que a mediação lida com as versões relativas da verdade, manifestas segundo aquele que a concebe. A mediação extrai dessa impossibilidade de uma verdade única o que está posto nas relações humanas: o mal estar estrutural, a hiância entre um ser e outro. E serve-se disso para ajudar as pessoas a assumirem a responsabilidade de se haver, irremediavelmente, com a condição de que viver em sociedade implica em perguntar-se sobre si e sua relação com o outro, espreitar o outro e tentar, a todo tempo, construir possibilidades de convivência.

Nesse sentido, o acordo, a solução mediada e, inclusive, a impossibilidade de se chegar a um acordo contempla o não todo da nossa condição humana, afirma nossa interdependência do outro e a responsabilidade que isso comporta.

---

[7] Na peça teatral *Huis clos* (As portas fechadas) de 1943, Sartre faz um dos seus personagens pronunciar a frase "O inferno são os outros" a qual se torna famosa por expressar os conflitos em nosso senso sobre nós mesmos decorrentes dos julgamentos que sofremos e daqueles que fazemos sobre os outros.

2. A JUSTIÇA E SEUS NÚMEROS

Em 2016, o Conselho Nacional de Justiça publicou o relatório denominado *Justiça em Números* [8] (JN), no qual consta que, no ano de 2015, ano base do levantamento realizado, havia 74 milhões de processos pendentes de decisão judicial.

Nos dados apresentados pelo referido relatório, podemos constatar um aumento gradual no número de processos que anualmente ingressam nos Tribunais Estaduais[9], o que está em acordo com a percepção generalizada de um aumento da judicialização dos conflitos em nossa sociedade, em especial, na área de família.

Na conclusão dos trabalhos, o relatório apresenta, entre os diversos problemas constatados na justiça brasileira, a morosidade na resolução dos processos judiciais. Esse relatório destaca também a necessidade de ampliar o fomento aos métodos autocompositivos de resolução de conflitos, entre eles a conciliação e a mediação de conflitos, visando ampliar o número de acordos entre as partes, reduzir o acervo nacional de processos e diminuir os prazos de tramitação dos processos.

Para nosso estudo, interessa-nos contrapor ao método convencional de justiça denominado *adjudicativo*, o novo método autocompositivo de resolução de conflitos da mediação de conflitos. No método convencional, cabe ao juiz de direito proferir a sentença que determine o que deve ser cumprido pelas partes processuais. E, para chegar a tal decisão, ele irá analisar as provas documentais, reunir-se em audiências com as partes processuais e seus advogados, ouvir testemunhas, como também poderá recorrer às perícias técnicas, elaboradas por especialistas, para fundamentar sua decisão. Todavia, chegar à fase da sentença, segundo os dados do citado relatório, pode demorar, de acordo com a natureza e fase do processo, vários anos até a conclusão dos seus trabalhos, e o resultado obtido nem sempre pacifica o conflito e/ou atende realmente às necessidades dos litigantes. Já a metodologia da mediação de conflitos adota outros procedimentos: as partes são convidadas, voluntariamente, a dialogar para resolver seus conflitos e estabelecer por elas próprias as soluções apropriadas. Após algumas sessões, se houver entendimento entre as partes, será redigido um acordo na conclusão dos trabalhos no qual constarão as decisões que consensualmente foram estabelecidas, pondo fim ao conflito e ao processo judicial. Tal metodologia está embasada nas orientações contidas no *Manual de Mediação Judicial*[10] (edição de 2016), livro texto que tem

---

[8] O relatório *Justiça em números 2016: ano-base 2015*/Conselho Nacional de Justiça – Brasília: CNJ, 2016 é uma importante fonte de divulgação das estatísticas judiciárias oficiais no Brasil. Disponível em: <www.cnj.jus.br>.

[9] JN, p. 97.

[10] Manual sobre teorias e técnicas de mediação, organizado por AZEVEDO, André Gomma/CNJ, trata dos princípios e técnicas de mediação de conflitos no campo judicial e serve como base nacional para capacitação de conciliadores e mediadores.

servido como parâmetro técnico para reger essa prática de abordagem dos conflitos na cena judicial, a partir da Resolução nº 125/2010 do Conselho Nacional de Justiça (CNJ)[11].

Seja no âmbito judicial ou no campo extrajudicial, a mediação é orientada pelos seguintes princípios: imparcialidade do mediador; isonomia entre as partes; oralidade como meio de expressão; informalidade; autonomia da vontade das partes; busca do consenso; confidencialidade e boa-fé.

No processo da mediação de conflitos no campo judicial, o papel do juiz, enquanto detentor do poder de decisão dos impasses trazidos à cena judicial, é suspenso para que os litigantes verifiquem, por si próprios, sua capacidade de agir de forma autônoma. As partes processuais devem correr o risco de "inventar" possibilidades para um desfecho que indique uma saída aceitável para o conflito que legitime a singularidade das necessidades postas em questão com a busca da justiça. Se as partes chegarem a um acordo, ele é encaminhado ao juiz como a resolução apropriada construída diretamente pelos mediados, cabendo ao juiz ratificá-lo e, em seguida, decretar o fim do processo judicial.

Na prática cotidiana como mediadoras de conflitos, constatamos que há casos e casos... há pessoas que participam do processo de mediação e recuperam sua liberdade de decidir questões essenciais de suas vidas, há outras que se mantêm alienadas em suas crenças de que o outro é responsável por sua insatisfação e seu estado de sofrimento, mantendo-se presas a um passado inexorável, restando-lhes a ilusão de que o juiz possa, por sentença, garantir-lhe ganhos imaginários diante do seu oponente percebido como seu algoz.

Para ilustrar essa prática, recorreremos à exposição de dois fragmentos de casos de mediações de conflitos familiares:

Caso 1

Em sentença judicial de divórcio ocorrido em 2009, ficou estabelecido que o imóvel que pertencia ao casal seria vendido e o valor obtido deveria ser partilhado na proporção de 50% para cada ex-cônjuge. Até a venda, o homem poderia viver no imóvel. Contudo, passados cerca de três anos, como não houve a venda do imóvel, segundo a mulher, por desinteresse do ex-marido, ela reingressou na justiça com pedido de cumprimento da sentença. Em sua defesa, o homem afirmava não ter conseguido vender o imóvel porque ele não tinha uma

[11] O Conselho Nacional de Justiça (CNJ) é uma instituição pública que visa aperfeiçoar o trabalho do sistema Judiciário brasileiro, principalmente no que diz respeito ao controle e à transparência administrativa e processual. Sua missão é desenvolver políticas judiciárias que promovam a efetividade e a unidade do Poder Judiciário, orientadas para os valores de justiça e paz social.

documentação legal e alegava não ter condições econômicas de comprar a parte da ex-mulher. Instalado o impasse entre as partes, o juiz do caso encaminhou o caso para o serviço de mediação do CEJUSC BH. Proposta a mediação do conflito pela mediadora do caso, eles a aceitaram e daí iniciou-se uma possibilidade de que eles pudessem manifestar suas insatisfações e buscar novas alternativas à situação de conflito. Cabe esclarecer que o homem havia deixado o imóvel em 2014 em acatamento à ordem judicial de despejo e as chaves do referido imóvel foram repassadas pelo juiz à mulher. O imóvel estava fechado e carecia passar por reformas para venda, contudo, a mulher não tinha condições econômicas de fazer tais reformas e isso também dificultava a venda do mesmo. Além disso, a documentação irregular do imóvel e o alto custo para uma possível regularização do bem implicariam num custo econômico elevado que as duas partes não dispunham. Somado a isso, havia um débito referente à conta de luz sem pagamento correspondente ao período final em que o homem vivera na casa antes do seu despejo, que o homem dizia sem condições de arcar porque tinha despesas com o aluguel do barracão onde vivia. Já a mulher se recusava a pagar tal débito para normalizar a situação da luz no imóvel, pois se sentia magoada com o ex-marido, já que esse habitara por anos na casa que pertencera ao casal e seu gesto de não se empenhar na venda da casa para a partilha do bem tinha o sentido para ela de que ele a enganava. O homem, por sua vez, se ressentia de pagar o aluguel quando poderia estar vivendo na casa até a venda da mesma. Assim, de igual modo, ambos se mostravam infelizes com as razões atribuídas ao outro pelos impasses vividos e também declaravam estar insatisfeitos com a morosidade e falta de resolutividade da justiça.

Considerando a autonomia e a responsabilidade das partes mediadas, o processo de mediação viabilizou que o homem e a mulher se empenhassem na busca de soluções negociadas, segundo as suas possibilidades e necessidades, para resolver o conflito sobre a partilha da moradia. No exercício da liberdade de realizar escolhas, após seis sessões em que eles conversaram, e cada qual teve a oportunidade de dizer de si e de suas necessidades, eles se dispuseram a se ajudar. Dispostos a arcar com um projeto orientado para o futuro, eles decidiram fazer obras na casa para dividi-la em duas moradias: a parte direita da casa ficaria para a mulher que tinha a intenção de alugar sua metade para ter uma renda própria; a parte esquerda do imóvel ficaria para o homem que tinha a necessidade de ter um imóvel próprio para residir com a nova companheira, sem custos. Além disso, eles decidiram pela construção de dois padrões de água distintos, sendo um para cada moradia. Eles decidiram que o homem faria os serviços de pedreiro e isso desoneraria ambos de gastos com o pagamento de mão de obra e a mulher, por sua vez, arcaria com a compra de material de construção. Contudo, o homem fez um pedido fundamental à mulher: voltar a morar na casa para a realização das obras de divisão do imóvel. O medo de que o arranjo atual tivesse o mesmo desfecho da experiência passada fora expressado pela mulher. Ele, por sua vez, clamava que ela confiasse nele. Sua palavra de homem pedia para ser reconhecida pela mulher e, na ausência de recursos materiais, a sua força de trabalho era a sua moeda de troca.

E então, quais escolhas fazer?

Eis o impasse e o risco para a mulher: apostar no futuro ou ficar presa ao passado? E ele, seria capaz de cumprir o novo combinado?

Da angústia inicial superada e a reconquista da confiança, emerge a decisão livre de não se referenciar ao passado, mas de se abrirem para um projeto que implicava em se lançarem em direção ao futuro. Resolveram, então, fazer um acordo provisório em que constava a promessa de construção, o compromisso do homem de pagar as contas de luz atrasadas, tão logo esse se visse liberado do valor do aluguel e ocorresse a sua mudança para o imóvel com o fito de realizar as obras. Escrito sobre medida aquilo que refletia a escolha consciente de ambos, eles se propuseram a retornar após dois meses, prazo estipulado para o que se comprometeram fosse cumprido.

No dia do retorno, tranquilos, amistosos, relataram que tudo se passou como combinado, relatando, inclusive, que os filhos adultos tinham voltado a procurar o pai, após meses de afastamento em decorrência do litígio desse com a mãe dos mesmos. Os ex-cônjuges escreveram então o acordo final, no qual ratificaram a divisão e posse por cada um de metade do imóvel. A conta atrasada de luz, cujo valor irrisório havia sido finalmente pago pelo homem, deixou de ser um símbolo do conflito e tornou-se, ao longo do processo de mediação, um resto sem valor de um passado imutável que não mais impedia os ex-cônjuges de se dirigirem para o futuro.

O procedimento de mediação durou cerca de cinco meses, contemplando nesse prazo o início da mediação, o prazo para as obras e o encerramento dos trabalhos. Cabe destacar que, na sessão final dos trabalhos, tanto o homem quanto a mulher diziam ter pressa de que o acordo entabulado fosse logo homologado pelo juiz do processo, pois não queriam mais vir à justiça, já que o acordo firmado por eles havia pacificado o conflito, e ambos precisavam do tempo para cuidar de suas vidas e de seus novos projetos.

Caso 2

Trata-se de um processo de divórcio em que, frustrada a união, os ex-cônjuges se viram às voltas com impasses quanto ao sustento financeiro do filho de três anos e quanto à convivência da criança com o pai.

Apesar de eles terem aceitado a mediação com o propósito de dialogar para buscar possibilidades de interação entre eles como pais sobre questões essenciais pertinentes à vida do filho, a mãe se refugiava na crença de que o ex-marido era perigoso, desequilibrado, incapaz de cuidar do filho e, como mãe, cabia-lhe proteger o filho da convivência com o pai. Por sua vez, o pai tratava os medos manifestos da mãe como retaliação pela decisão dele de pedir o divórcio, reportando a ela, frequentemente, episódios de descontrole no passado e condutas imaturas durante a união.

Quando convocados a falar do presente, do filho, da responsabilidade de tomarem decisões sobre a vida do filho, tomavam da palavra para críticas do outro e ameaças recíprocas.

A escolha que os reuniu enquanto casal, de livre escolha, passou a ser negada como decisão pautada por uma intenção. Cada qual se colocava na posição de enganado pelo outro, e, tomados pela má-fé no sentido sartreano de eximir-se de sua própria responsabilidade diante da escolha anteriormente realizada, atribuíam ao ex-parceiro a causa de suas frustrações e desencantos. Atravessados por sentimentos de culpa, medo e decepção, reagiam com intensas acusações as quais, reciprocamente, encobriam qualquer possibilidade de assunção de responsabilidade e exercício da liberdade para encarar um novo futuro a ser construído, diante da impossibilidade da continuidade da relação amorosa.

Atolados nos impasses, eles então decidiram encerrar a mediação e remeter as decisões sobre o sustento econômico do filho e sobre o acesso do pai à criança ao poder de decisão do juiz do processo. Com essa escolha, tais pais optaram por delegar a um terceiro a responsabilidade de dizer àquele pai e àquela mãe o que eles deveriam fazer com as necessidades do filho.

No encerramento dos trabalhos, ambos se despediram com um sorriso lacônico, sem acordo e sem diálogo. Pai e mãe mostraram-se irados e feridos, cada qual prometendo a si e ao outro que o juiz decidiria a seu favor, após conhecer a verdade. Não se deram conta de que os autos e as audiências revelariam "metades diferentes uma da outra" da verdade, tal como dizem os versos do poema *Verdade*[12], do grande poeta itabirano.

---

[12] Poema *Verdade*, escrito por Carlos Drummond de Andrade.

O caso acima citado, como outros, após a tentativa de uma mediação do conflito, termina com as partes concluindo que devem endereçar as decisões que afetarão suas vidas e de seus filhos ao saber e autoridade dos juízes. Esse tipo de movimento revela a renúncia de muitos pais ao exercício de sua liberdade de decidir. Pais que, perante a angústia de lidar com o ex-parceiro, negam a responsabilidade inerente à escolha deste como genitor de seus filhos. Tais pessoas renunciam à autonomia de decidir e recusam assumir a responsabilidade por suas escolhas, mantendo-se reféns de sua ilusão de terem sido "enganadas pelo outro".

A expectativa de que a justiça restabeleça algo imaginariamente perdido em um relacionamento de casal diante da decepção com o outro resta frustrada... sobram sentenças e insatisfações... fazer o outro pagar por um dano no ideal não acalma a dor da certeza de que o outro comporta uma diferença inapreensível. Muitas vezes, é preciso enfrentar a dor e achar outros meios de viver em outras composições possíveis, em outros arranjos, por outros meios...

3. OS DESAFIOS DA MEDIAÇÃO NO CONTEXTO JUDICIAL

A mediação de conflitos no campo judicial é uma realidade em diversos tribunais brasileiros. Apregoada como um meio adequado de resolução de conflitos e com o seu uso estimulado em nossa sociedade por meio do Manual de Mediação Judicial elaborado pelo Conselho Nacional de Justiça, ainda assim, não nos iludamos de que o caminho da mediação de conflitos em nosso país será fácil. A autonomia e a responsabilidade dos envolvidos como princípios que sustentam a prática da mediação levam-na a ocupar uma posição aporética no campo judicial, pois, ao conferir aos mediandos o poder da escolha segundo seus anseios e necessidades, indica o esvaziamento do lugar de saber ocupado pela autoridade judicial e afirma a liberdade da decisão dos mediandos como fundamento da sua condição humana.

Temos que nos regozijar com os avanços alcançados pela disseminação da nova política judiciária de tratamento dos conflitos e das diversas ações que promovem a mediação em nossa cultura. Contudo, precisamos ter os pés no chão e a cabeça vigilante: a mediação no campo judicial é um meio estruturado para abordagem de situações de conflitos interpessoais e tem como desafio não recuar de sua finalidade de realização da autonomia e responsabilidade dos mediandos. Contudo, ela tem muito obstáculos a vencer: há que se cuidar para que uma prática tão fecunda e transformadora não se perca em meandros utilitaristas que a reduzam a um fim para obter acordos.

Fujamos das falsas promessas que reverenciam a mediação ao atribuir-lhe a capacidade de anular os conflitos, pois não se trata disso: os conflitos são inerentes à condição humana e a mediação lida com o potencial transformador deles, não com a sua supressão. Sabemos que a mediação pode aprimorar a capacidade de interação entre as pessoas, contudo, a convivência com a diferença que o outro representa será sempre um inquietante desafio.

Cuidemos, também, para que a mediação não perca sua identidade ao associar-se com outras práticas que produzem alienação e conformidade, ao negarem a autonomia de cada ser e a responsabilidade deste pelas suas escolhas no aqui e agora da existência.

Não recuemos, portanto, da grande contribuição que se encontra no cerne da mediação: a liberdade da decisão como eleição, como capacidade autônoma da pessoa de exercer escolhas, de responder por elas, e, de se reconhecer autora de seu destino.

REFERÊNCIAS BIBLIOGRÁFICAS:

DICIONÁRIO DE FILOSOFIA DE CAMBRIDGE. Dirigido por Robert Audi. 2. ed. São Paulo: Paulus, 2011.

AZEVEDO, André Gomma (Org.) *Manual de Mediação Judicial.* BRASIL, CONSELHO NACIONAL DE JUSTIÇA. 6ª. ed. 2016.

BRASIL. Conselho Nacional de Justiça. Resolução CNJ nº 125, de 29 de novembro de 2010. Dispõe sobre a Política Judiciária Nacional de tratamento adequado dos conflitos de interesses no âmbito do Poder Judiciário e dá outras providências. [online] Disponível em: <http://www.cnj.jus.br///images/atos_normativos/resolucao/resolucao_125_29112010_16092014165812.pdf>. Acessado em: 5 ago. 2018.

BUSH, R. A. Baruch; FOLGER, J. P. *La Promesa de la Mediacion.* Buenos Aires, Ediciones Granica S.A., 1996.

COSTA, Alexandre Araujo. Cartografia dos Métodos de Composição de Conflitos. In: AZEVEDO, André Gomma de (Org.). *Estudos em Arbitragem, Mediação e Negociação.* Brasília: Grupos de Pesquisa, vol. 3, 2004.

CUNHA, Antônio Geraldo da. *Dicionário Etimológico da Língua Portuguesa.* 3. ed. Rio de Janeiro: Lexikon Editora Digital, 2007.

DRUMMOND, Carlos. Poema: *Os Outros*, 1992.

DRUMMOND, Carlos. Poema: *Verdade.* Poesia Completa. Rio de Janeiro: Nova Aguilar, 2002.

A CONFIDENCIALIDADE NA MEDIAÇÃO DE CONFLITOS

Ana Claudia Bitencourt Marcondes[1]

RESUMO

Um dos muitos benefícios que a mediação oferece a quem se dispõe a participar é a oportunidade de falar de seus interesses e necessidades, em um ambiente seguro, com uma terceira pessoa imparcial, facilitando a comunicação entre as partes envolvidas no conflito. O objetivo do presente artigo é mostrar que a própria estrutura da mediação de conflitos, com suas características, nos induz a pensar sobre confiança, ética e demais valores que caminham no sentido da humanização desse procedimento, na autodeterminação das partes, ou melhor, na capacidade que as pessoas têm de resolver seus conflitos por meio de um diálogo produtivo. E que a confidencialidade é condição *sine qua non* para que as pessoas consigam se entregar a esse procedimento, bem como condição para que o mediador consiga realizar seu trabalho dentro da proposta de mediação. A metodologia utilizada foi uma pesquisa bibliográfica sobre sua aplicação, com autores especialistas no assunto em diversas fontes de consulta, tais como artigos científicos, obras, publicações em diferentes meios, incluindo a Internet.

Palavras-chave: Mediação. Confidencialidade. Imparcialidade.

---

[1] Formada em Direito na Faculdade Cândido Mendes, Rio de Janeiro. Advogada Colaborativa com formação pelo Instituto Brasileiro de Práticas Colaborativas (IBPC). Mediadora voluntária atuante no CEJUSC BH. Mediadora privada com formação pelo Instituto de Mediação e Arbitragem do Brasil (IMAB). Mediadora privada no Núcleo de Mediação da OAB-MG. Diretora da LIVRES – Câmara de Mediação e Cursos. Pós-graduada em Direito Processual Civil pela PUC Minas. Life & Professional Coach. Membro da Comissão de Mediação da OAB-MG. Membro da Comissão de Arbitragem da OAB-MG. Membro do CBAR. Instrutora da Oficina de Pais e Filhos no TJMG.

ABSTRACT

One of the many benefits that mediation offers to those who are willing to participate is the opportunity to speak out about their interests and needs in a safe, impartial third-party environment, facilitating communication between the parties involved in the conflict. The aim of this article is to show that the very structure of conflict mediation with its characteristics induces us to think about trust, ethics and other values that go towards the humanization of this procedure, the self-determination of the parties, or rather, people have to resolve their conflicts through productive dialogue. And that confidentiality is a sine qua non for people to be able to indulge in this procedure, as well as a condition for the mediator to be able to carry out his work within the proposal of mediation. The methodology used was a bibliographical research on its application, with authors expert in the subject in diverse sources of consultation such as scientific articles, works, publications in different means, including the internet.

Keywords: Mediation. Confidentiality. Impartiality.

1. INTRODUÇÃO

As reações geradas pelos conflitos são de medo, insegurança, muitas vezes autocentramento ou mesmo afastamento, reações que as pessoas têm quando estão vivenciando um conflito. Dificilmente uma pessoa em uma situação de conflito consegue escutar para compreender, ela escuta para responder.

O mediador com toda a sua escuta ativa, acolhimento e técnica consegue dar segurança aos mediados e proporcionar um ambiente que essa escuta possa acontecer. Para o desenvolvimento desse trabalho, foi indispensável consultar as mais renomadas fontes disponíveis. O trabalho proposto não se limitou aos campos do Direito Civil, mas tratou o tema como uma matéria interdisciplinar e, por isso, fez uso das mais diversas fontes disponíveis, como o Direito Processual Civil, bem como artigos e livros publicados em diversos meios. A questão que se faz presente é: será que a confidencialidade no procedimento de mediação é condição para que mediador e mediado consigam ter seus papéis devidamente executados?

2. A MEDIAÇÃO E SUAS CONCEITUAÇÕES

Conceituar a mediação é importante, no sentido de nos mostrar as diferentes percepções que se completam ou se distanciam na medida da vivência do mediador e de sua base teórica predominante, mas que trabalham com comunicação e respeito.

Para Folberg e Taylor[2], é um processo mediante o qual os participantes, junto com assistência de uma pessoa, destacam os problemas em disputa, considerando novas opções e alternativas e chegando a um acordo mútuo que se ajuste às suas necessidades.

Para Joseph Folger e Robert Bush[3], mediação é uma forma de intervir no sentido de ajudar os mediados a resolver os conflitos em que estão envolvidos, auxiliando as pessoas a mudar a qualidade de interação decorrente do conflito, do olhar destrutivo para o positivo.

Segundo Volpe e Bahn[4] é um processo de intervenção em curto prazo, orientado a uma tarefa, em que todos os mediados acordam em colaborar de forma participativa, para que consigam um acordo mutuamente satisfativo e equilibrado.

Para Maria de Nazareth Serpa[5]:

> Diante de todas essas definições, o que elas têm em comum é a ação, um procedimento que depende da voluntariedade das partes, no sentido do comprometimento e disponibilidade deles de estar naquele espaço falando do que os incomodou, do que eles querem, do que eles não querem, pensando juntos, criando opções dentro do possível para que seja produtivo e passível de ser realizável o que ficou decidido por eles.

Além disso, há a necessidade de um mediador, um terceiro neutro, que facilite a comunicação entre essas pessoas, sem interferir na qualidade do que está sendo falado. Esse, por sua vez, tem que esclarecer aos mediados tudo que diz respeito ao procedimento: suas características, princípios que a norteiam, e com isso lhes dar a devida tranquilidade para que possam estar na mediação com segurança;

---

2 FOLBERG, Jay; TAYLOR, Alison. *Mediación. Resolución de Conflictos sin Litigio*. Limusa. México, 1992, p. 27.

3 FOLGER, Joseph P.; BUSH, Robert A. Baruch. *Mediação transformativa e intervenção de terceiros: as marcas registradas de um profissional transformador*. Novos paradigmas em mediação, p. 85-100, 1999.

4 VOLPE, Maria; BAHN, Charles. IN: GROVER, Karen; GROSCH, James; OLCZAK, Paul. La mediación y sus contextos de aplicación: una introducción para profesionales e investigadores. Paidós, España, 1996, p. 193.

5 SERPA, Maria de Nazareth. Mediação: Uma Solução Judiciosa Para Conflitos. Belo Horizonte: Del Rey, 2018, p. 107.

certos de que estão em um ambiente que podem compartilhar, sejam em reuniões conjuntas ou separadas, dos desejos e anseios que os levaram a procurar uma mediação, seus interesses e necessidades.

3. PRINCÍPIOS DA MEDIAÇÃO

São Princípios da Mediação os relatados no artigo 166 do Código de Processo Civil[6]:

> § 1º – A confidencialidade estende-se a todas as informações produzidas no curso do procedimento, cujo teor não poderá ser utilizado para fim diverso daquele previsto por expressa deliberação das partes.
>
> § 2º – Em razão do dever de sigilo, inerente às suas funções, o conciliador e o mediador, assim como os membros de suas equipes, não poderão divulgar ou depor acerca de fatos ou elementos oriundos da conciliação ou da mediação.
>
> § 3º – Admite-se a aplicação de técnicas negociais, com o objetivo de proporcionar ambiente favorável à autocomposição.
>
> § 4º – A mediação e a conciliação serão regidas conforme a livre autonomia dos interessados, inclusive no que diz respeito à definição das regras procedimentais.

A conciliação e a mediação são informadas pelos Princípios da Independência, da Imparcialidade, da Autonomia da Vontade, da Confidencialidade, da Oralidade, da Informalidade e da decisão informada.

No que diz respeito ao Princípio da Autonomia da Vontade, para Maria Elena Caram[7], pode-se então falar em Voluntariedade, que se refere à liberdade das partes de decidir se querem ou não permanecer na mediação, de decidir os temas que serão abordados na mediação, escolherem as opções e propostas e, na última instância, alcançar o acordo. E se alcançam a determinar seu conteúdo. A todo momento, a voluntariedade revela a supremacia dos mediados ao mediador, no sentido de que todas as decisões são tomadas pelos mediados.

Com a nomenclatura autonomia da vontade dada pelo nosso Código de Processo Civil, essa liberdade das partes tem um efeito altamente fortalecedor e reforça o sentido da mediação na crença de que o ser humano tem, na sua autodeterminação, o respeito ao mediado, como figura principal do procedimento.

---

6 BRASIL. LEI Nº 13.105, de 16 de março de 2015. Código de Processo Civil. Disponível em: <http://www.planalto.gov.br/ccivIl_03/_Ato2015-2018/2015/Lei/L13105.htm>. Acesso em: ago. 2018.

7 CARAM, María Elena; EILBAUM, Diana Teresa; RISOLÍA, Matilde. *Mediación*: diseño de una práctica. Buenos Aires: Astrea, 2013.

Como diz Maria de Nazareth Serpa[8], as partes entram na mediação com o objetivo de elaborar as questões que estão sendo faladas e, com isso, saem do procedimento com uma probabilidade de manter o relacionamento, mudar ou terminá-lo de uma maneira mais cooperativa, por meio da mediação ou de qualquer outro procedimento não adversarial.

A mediação é construída para que se trabalhe o "ganha-ganha" e não o "ganha-perde" dos meios adversariais, onde um tem que ser, sempre, o vencedor.

O mediador tem que ser imparcial, não ter nenhum tipo de ligação com os mediados. A imparcialidade também pode ser pensada no sentido do mediador sentir-se de alguma forma ligado à história de uma das partes, por questões emocionais. Nesse caso, deve pedir para retirar-se da mediação e ser substituído por outro mediador, pois não tem condições de ser imparcial, como deve ser. Imparcialidade é estar isento de qualquer julgamento sobre aparência, credo, ações. Não pode estar ligado aos mediados, assim como aos advogados e nem às pessoas que, por ventura, são faladas na mediação.

A flexibilidade da mediação reforça todos os princípios expostos no artigo 166[9] e se estende a questão da confidencialidade, visto que não é absoluta, por caber exceções.

Na mediação a questão da confidencialidade passa algumas questões que merecem ser analisadas. Como regra, tudo o que for dito no procedimento de mediação ou tudo que estiver anotado, ficará no espaço da mediação. Os mediadores não serão testemunhas e tudo que for falado no procedimento de mediação será confidencial. Tal qual é preconizado no artigo 166 do Código de Processo Civil[10].

4. O MEDIADOR E SUA RELAÇÃO COM A CONFIDENCIALIDADE

A confidencialidade pode ser definida em dois sentidos, um positivo e outro negativo: em um sentido positivo, a confidencialidade consiste em manter reserva sobre os fatos conhecidos nas sessões de mediação familiar ou sobre o

8 SERPA, Maria de Nazareth. *Mediação*: Uma Solução Judiciosa Para Conflitos. Belo Horizonte: Del Rey, 2018, p. 107, p. 164.

9 BRASIL. LEI Nº 13.105, de 16 de março de 2015. Código de Processo Civil. Disponível em: <http://www.planalto.gov.br/ccivIl_03/_Ato2015-2018/2015/Lei/L13105.htm>. Acesso em: ago. 2018.

10 Idem. Ibidem.

desenvolvimento do procedimento negociador ou também pode consistir em manter em segredo a informação que se trate em mediação, segundo Joana Campos[11].

Em um sentido negativo, a confidencialidade consiste em não divulgar ou não revelar ou utilizar nenhum dado, fato, documento que se conheça relativo ao objeto de mediação, nem após a mediação, tenha ou não acordo, segundo Gustavo Trancho Azevedo[12].

Desde um ponto de vista jurídico, esse sentido negativo da confidencialidade concretiza-se em uma obrigação de não fazer (não revelar) por parte do sujeito obrigado a ela. Portanto e para reforçar o caráter confidencial, faz-se necessário estabelecer que as partes não possam solicitar que a pessoa mediadora seja chamada a declarar como perito nem como testemunha de qualquer procedimento judicial relacionado com o conflito objeto da mediação praticada e, em correspondência, o mediador pode renunciar a intervir como testemunha ou perito a proposta ou pedido de qualquer das partes em todo tipo de procedimento ou litígio que afete ao objeto da mediação, conforme leciona Fernanda Tartuce[13].

Em termos jurídicos, a confidencialidade concebe-se, também, como um dever, uma obrigação ou um caráter da informação das sessões de mediação, relacionado estreitamente com o segredo profissional.

Efetivamente, confidencialidade e segredo profissional costumam ser conceitos que aparecem inter-relacionados, quando menos assim se desprende do regulamento a que estão sujeitos determinados profissionais (advogados, médicos, jornalistas, psicólogos dentre outros). Trata-se de pessoas que, por razão de sua profissão, são depositárias dos relatos, informações, documentações de outras pessoas, pelo qual, também, a confidencialidade é uma garantia da confiança depositada no profissional, segundo Fernanda Tartuce[14].

A distinção entre uma (confidencialidade) e outro (segredo profissional) reside no matiz da condição de profissional: a confidencialidade é uma qualidade da informação revelada em confiança a qualquer pessoa submetida a ela, enquanto o segredo profissional é um dever (e, em algumas ocasiões, também um direito) de

[11] CAMPOS, Joana. *O princípio da confidencialidade na mediação*. Scientia Ivridica, v. 58, n. 318, p. 311-333, 2009.

[12] AZEVEDO, Gustavo Trancho. *Confidencialidade na mediação*. Estudos em arbitragem, mediação e negociação. Brasília: Grupos de Pesquisa, v. 2, 2003.

[13] TARTUCE, Fernanda. Mediação no Novo CPC: questionamentos reflexivos. In: FREIRE, Alexandre (Org.). *Novas Tendências do Processo Civil*: estudos sobre o projeto do novo Código de Processo Civil, 2013.

[14] Idem. Ibidem.

pessoas com um determinado perfil profissional. Em qualquer caso, e retomando o tema da confidencialidade na mediação, o mediador se assegurará antes do começo da mediação de que as partes compreendam e acordem expressamente as condições de início da mediação, que inclui, em especial, as disposições relativas à obrigação de confidencialidade.

Desde a perspectiva subjetiva, a confidencialidade é um dever de toda pessoa que intervém no procedimento de mediação: as partes, o mediador, os técnicos, os colaboradores etc. No caso dos terceiros, que intervêm como profissionais, estes se acharão sujeitos ao dever do segredo profissional, cujo conteúdo coincide, em essência, com o da confidencialidade. As partes devem preservar a confidencialidade de quanto se tratou; o mediador estará sujeito pelo dever de segredo profissional, que supõe o dever de confidencialidade da informação revelada.

Como diz Maria de Nazareth Serpa[15]

> Em razão da confidencialidade, todas as informações colhidas durante a mediação e conservadas pelo mediador, não poderão ser divulgadas no futuro, em nenhum processo adversarial. O mediador tem o dever moral de informar as partes, a respeito, e obter sua aprovação para essa medida, caso haja necessidade de divulgar informações.

De acordo com o Manual de Mediação Judicial[16]

> O mediador deve buscar a adesão das partes para a adoção da confidencialidade que se estabelecerá acerca de todos os fatos e situações narradas por elas durante o processo de mediação. É fundamental explicar que o(s) mediador(es) manterá(ão) em segredo tudo o que for apresentado na mediação, salvo vontade conjunta das partes em contrário. Caso alguma das partes tenha preocupação ou receio que essa confidencialidade possa não ser mantida, o mediador deve adiantar às partes, que ela poderá ser inserida como parte de seu acordo. Eventuais exceções também devem ser registradas na declaração de abertura.

De acordo com o Manual de Mediação Judicial[17]:

> Ao iniciar a mediação, o mediador deve revelar qualquer tipo de ligação que tenha com qualquer das partes, revelando também se houve com qualquer delas algum contato incial. Nessa fase é bom que se explique que as

---

15 SERPA, Maria de Nazareth. *Mediação*: Uma Solução Judiciosa Para Conflitos. Belo Horizonte: Del Rey, 2018, p. 150.

16 BOMFIM, Ana Paula Rocha do (Org.). *Manual de Mediação*. Salvador: Editora Fundação Faculdade de Direito da Bahia, 2014, p. 170.

17 BOMFIM, Ana Paula Rocha do (Org.). *Manual de Mediação*. Salvador: Editora Fundação Faculdade de Direito da Bahia, 2014, p. 170.

anotações feitas pelo mediador, durante as sessões serão descartadas. É importante definir para as partes, quais informações o mediador, por ética profissional, será obrigado a revelar, como por exemplo, crimes cometidos durante a própria mediação, condutas que atentem contra a vida, entre outras práticas definidas pela própria instituição de mediação ou por política do tribunal ao qual a mediação encontra-se vinculada.

Nas sessões privadas, o mediador reforça toda sua postura de imparcialidade, de neutralidade e a autonomia da vontade. Deve ser dito ao mediado que tudo o que não for vedado expressamente pela parte, e com as devidas cautelas, é permitido comentar durante as sessões conjuntas, ou melhor, tudo o que o mediado desejar ser mantido em segredo não será posteriormente revelado a ninguém.

Essa relação com a parte, em sessão privada, é muito delicada para o mediador, visto que a proximidade poderá, muitas vezes, gerar uma impressão de parcialidade.

Nesse sentido, a experiência do mediador faz toda a diferença. O mediado sempre busca ter um aliado, ainda mais em um espaço que só estará ele e o mediador. A segurança dada pela confidencialidade e imparcialidade é fundamental, já que a confidencialidade existirá sempre no que a parte quiser, pontuando a supremacia de sua vontade.

É gerada, portanto, a segurança no procedimento, mas, ao mesmo tempo, requer muito profissionalismo do mediador visto que ele terá que se utilizar de toda a sua bagagem profissional, para que, em nenhum momento, durante as sessões conjuntas, passe as informações que foram declaradas sigilosas, com alguma pergunta aberta, por exemplo, induzindo o conhecimento de algum fato ou impressão dita como sigilosa. Nesse sentido, o mediador estaria violando a confidencialidade de maneira sutil.

Saber quando o que foi dito não implicaria em uma exceção de confidencialidade também é outro tema que requer muita atenção do mediador.

Com a prática e maturidade, o mediador percebe quando uma fala de um mediado é verídica ou é fantasiosa, dada ao calor do momento, a qual poderia implicar em uma exceção na confidencialidade. Cabe o bom senso do mediador, em saber se alguma informação confidencial trará sérios prejuízos ou atentará contra a vida de uma das partes.

Nesse aspecto, entra o que se entende por ética na conclusão da mediação. O que se quer de uma mediação é que seja satisfatória a todos, que atenda às necessidades das partes e, em nenhum momento, poderá permitir que se resolva um acordo com algum resquício de simulação, fraude ou dolo em seu conteúdo.

5. CONCLUSÃO

Conclui-se, portanto, que a confidencialidade é um dos pilares da mediação e que o mediador é quem sustenta esse princípio na mediação.

Sem ela seria quase impossível alguém ter segurança para participar de um procedimento de mediação, visto que estar perante o outro, sendo ele parte interessada ou representante, é um ato de coragem e desprendimento, mas, como tudo na vida, requer o mínimo de segurança e essa segurança é ofertada pela confidencialidade e, principalmente, pela forma como é respeitada e conduzida pelo mediador.

A função do mediador é ser um facilitador da comunicação entre as partes, porém essa função vai além, ele é um pacificador, o responsável pela viabilidade do resultado entre aquelas pessoas que chegaram ao procedimento de mediação com total desequilíbrio na comunicação. Contudo, essa comunicação, facilitada por ele, passa pelos princípios da mediação, aliados à ética e ao seu autoconhecimento. A confidencialidade não consegue ser um princípio mantido por um mediador que não consegue ser imparcial, neutro, liberto de seus paradigmas e, principalmente, focado e ansioso por um acordo. Muito preparo e responsabilidade há de ter um mediador para que ele não faça da mediação um lugar de aconselhamento e de total diretividade, do que ele acha que é melhor para as partes, tornando a mediação um desastre mesmo que com um acordo.

Habilidades como escuta ativa aguçada, ser uma pessoa comprometida e com total atenção no que está sendo falado pelas partes, além de ter a sensibilidade de proporcionar um ambiente tranquilo tanto para as partes quanto para os advogados, misturando também ao seu autoconhecimento, refletem no seu comportamento, na sua postura, diante da confidencialidade. Portanto, a confidencialidade e a segurança que ela traz podem ser a melhor maneira de dizer ao mediado que ele é o protagonista da história, porque ele é que decidirá o que será sigiloso ou não; é a melhor forma de mostrar que o ambiente da mediação é muito seguro para ele dizer tudo que quiser, porque não irá ser dito nada que ele não queira que seja dito, assim como os mediadores não poderão ser testemunhas etc.

A confidencialidade dá o alicerce necessário aos mediados para que a construção se desenvolva. Contudo, a confidencialidade, não respeitada, poderá ser também a destruição total, o insucesso total da mediação, caso o mediador não saiba lidar com ela no procedimento e, principalmente, em relação a ele próprio. A confidencialidade só é mantida e o processo de fato, seguro, se ele é facilitado por um mediador que tenha ética, respeito ao próximo, com a crença no poder de autodeterminação das pessoas e que, de fato, compreende o sentido da mediação, sua verdadeira essência.

5. REFERÊNCIAS

AZEVEDO, Gustavo Trancho. *Confidencialidade na mediação.* Estudos em arbitragem, mediação e negociação. Brasília: Grupos de Pesquisa, v. 2, 2003.

BOMFIM, Ana Paula Rocha do (Org.). *Manual de Mediação.* Salvador: Editora Fundação Faculdade de Direito da Bahia, 2014, p. 170.

BRASIL. LEI Nº 13.105, de 16 de março de 2015. *Código de Processo Civil.* Disponível em: <http://www.planalto.gov.br/ccivIl_03/_Ato2015-2018/2015/Lei/L13105.htm>. Acesso em: ago. 2018.

CAMPOS, Joana. *O princípio da confidencialidade na mediação.* Scientia Ivridica, v. 58, n. 318, p. 311-333, 2009.

CARAM, María Elena; EILBAUM, Diana Teresa; RISOLÍA, Matilde. *Mediación*: diseño de una práctica. Buenos Aires: Astrea, 2013.

FOLBERG, Jay; TAYLOR, Alison. *Mediación.* Resolución de Conflictos sin Litigio. Limusa. México, 1992, p. 27.

FOLGER, Joseph P.; BUSH, Robert A. Baruch. *Mediação transformativa e intervenção de terceiros*: as marcas registradas de um profissional transformador. Novos paradigmas em mediação, p. 85-100, 1999.

GROVER, Karen; GROSCH, James; OLCZAK, Paul. *La mediación y sus contextos de aplicación:* una introducción para profesionales e investigadores. Paidós, España, 1996, p. 193.

SERPA, Maria de Nazareth. *Mediação*: Uma Solução Judiciosa Para Conflitos. Belo Horizonte: Del Rey, 2018, p. 107.

TARTUCE, Fernanda. Mediação no Novo CPC: questionamentos reflexivos. In: FREIRE, Alexandre (Org.). *Novas Tendências do Processo Civil*: estudos sobre o projeto do novo Código de Processo Civil, 2013.

COMUNICAÇÃO NÃO-VIOLENTA: PRECIOSO RECURSO PARA A MEDIAÇÃO DE CONFLITOS

Carla Tostes[1]

Aprender Comunicação Não Violenta (CNV)[2] é como aprender uma nova língua e se sentir transformado por ela. É praticar e trocar com outras pessoas. É praticar empatia para ajudar a ganhar clareza sobre como se sentir e se posicionar nos relacionamentos. É reflexão sobre dialogar com as pessoas com pensamentos diferentes e perceber a importância de aprender a escutar e falar para além dos julgamentos e estereótipos.

Empatia é a habilidade de reconhecer e se conectar com pensamentos, emoções e experiências dos outros. Sentir empatia é muito diferente de conseguir demonstrar empatia. Já nascemos equipados com a habilidade de sentir empatia, mas pouquíssimas pessoas, no momento do conflito ou crise, conseguem demonstrar ao outro que reconhecem seu ponto de vista. Algumas pessoas têm essa habilidade naturalmente mais desenvolvida, mas outras podem desenvolvê-la. Empatia não é um traço fixo de personalidade e pode ser aprendida com sucesso.

Em nossa educação formal, não recebemos quase nenhuma preparação para desenvolver e aprimorar nossa capacidade de se comunicar para manter relacionamentos saudáveis. Boa parte dos nossos problemas de relacionamentos poderia ser resolvida se tivéssemos a habilidade de criar uma comunicação empática e compassiva.

---

[1] Psicóloga. Mediadora Voluntária no Setor de Mediação de Conflitos no Centro Judiciário de Solução de Conflitos de Belo Horizonte.

[2] Comunicação Não Violenta é um processo desenvolvido pelo psicólogo americano Marshall Rosenberg, cuja dinâmica se apoia no estabelecimento de relações de parceria e cooperação em que predominam a comunicação eficaz, empatia, necessidades, princípios e valores básicos e universais.

O caminho da CNV apresenta ferramentas que permitem afinar essas habilidades para construir relacionamentos saudáveis, sendo fundamental o autoconhecimento, o controle emocional e a empatia como pilares para nos relacionarmos de uma forma compassiva, honesta e empática com as pessoas.

Em momentos de stress e raiva, precisamos ter um entendimento mais amplo da situação e equilíbrio para dizer o que se quer dizer, impor os limites e, ainda assim, respeitar o outro ser humano presente na relação para resolver os conflitos de forma construtiva. Entender o que está por trás do comportamento das pessoas. Identificar e expressar as necessidades. Conseguir diminuir o julgamento e ser menos reativo. Dizer o que está sentindo sem ofender a outra pessoa. Controlar as emoções negativas e o acesso de raiva. Ter segurança para se comunicar. Conseguir fazer pessoas que gritam se acalmarem e conseguirem conversar.

Na CNV, a pesquisa é a linguagem, não é a técnica, é o processo. É entrar na vida e se expressar. Operar no nível intrapessoal, interpessoal e sistêmico. A ferramenta ajuda a transformar a forma de comunicação por meio da metodologia, mas não para virar robô. O cerne da questão é que não se aprende a se comunicar e relacionar, chega-se na forma de culpado e inocente. O foco é a quebra de paradigma para resgatarmos a necessidade, para nos tornarmos investigadores das nossas e das necessidades dos outros e não para o que é certo e errado.

A mediação de conflitos é um processo orientado, que possibilita às partes envolvidas serem autoras de suas próprias decisões, tornando-lhes capazes de trabalharem por meio de seus próprios conflitos. A mediação faz um convite à reflexão, ampliando alternativas e transformando um contexto de confronto em colaborativo. Proporciona a comunicação focada em observações, necessidades, sentimentos e pedidos.

A mediação se propõe a recuperar o diálogo, enquanto prática de falar e ouvir, promovendo o restabelecimento da comunicação e a reconstrução dos laços sociais rompidos em decorrência do conflito. O desafio aqui é reconhecer as diferenças na diversidade humana, compreendendo a falta de entendimento e a instabilidade. A mediação tem o intuito de organizar as relações, oferecendo condições para que as partes encontrem, de forma autônoma e consensual, uma resposta para o seu conflito, diminuindo a dependência de um terceiro, um juiz.

A mediação traz a noção de meio e equilíbrio, de uma terceira pessoa, o mediador, que se encontra entre as partes conflitantes ao invés de se colocar em um nível superior a elas. O mediador partilha com as partes um espaço, proporcionando-lhes à liberdade para chegarem voluntariamente a um acordo que satisfaça as suas necessidades. As partes assumem o protagonismo no processo de mediação, a responsabilização. O mediador analisa as necessidades vinculadas aos sentimentos reconhecidos. E, por fim, se faz o pedido específico, o que se quer da outra pessoa, estabelecendo uma comunicação mútua, sendo possível despertar para a empatia e compaixão. A mediação utiliza-se da CNV não como uma fórmula, ela se ajusta a contextos diferentes, modos pessoais e culturais. No procedimento da CNV, o que se procura é ouvir as observações, sentimentos e necessidades das partes.

Exercendo a CNV na mediação, o escutar ativamente é uma função primordial do mediador, uma escuta sem julgamento. O mediador promove o desenvolvimento do processo comunicativo entre as partes para expandir as possibilidades de interação. É a partir da escuta que se estabelece a comunicação. A CNV, empregada de maneira correta, diminui a intensidade dos conflitos, divergências e linguagem violenta, podendo levar as pessoas a criarem condições para tratarem e trabalharem suas necessidades, sem precisarem da interferência de instâncias superiores. A mediação pressupõe uma nova cultura, como uma ferramenta que recupera o sujeito. O sujeito passa da condição de passivo, apático e dependente do Judiciário a ativo, solidário e corresponsável ao participar e promover o tratamento de seus conflitos.

Segundo Marshall (2003), "Por trás de todo comportamento existe uma necessidade". Uma compreensão do comportamento. Não misturar o que vemos com o que é da nossa opinião. É se atentar para os eixos: empatia, autenticidade e compaixão. Priorizar a saúde do relacionamento, o balanço saudável nas relações. Estar em conexão, sentir junto com a outra pessoa, operar no melhor que se pode fazer. Cuidar da empatia para preservar a conexão comigo e com o outro. Como vejo, sinto, necessito e peço. Traduzir o que está por trás das críticas. Desejar que o outro se livre do sofrimento. É uma prática diária. A mesma lógica para escutar o outro é a de se expressar na autenticidade das minhas necessidades, do que preciso, quem sou, como me sinto, meus limites e criar espaço para o outro chegar aonde ele quer chegar.

De acordo com Marshall (2003), "Todo ato violento é uma expressão trágica de uma necessidade não atendida". A vulnerabilidade conecta. É a conexão! Assumir nossas fraquezas, percebendo o contexto. Existem momentos que precisamos dosar e a forma que as pessoas pedem podem não ser a nossa preferida. Daí partimos para o conflito. Embolamo-nos e a conexão fica interrompida. Reconhecemos que não sabemos demonstrar empatia. Bloqueamos a empatia cognitiva e emocional de forma trágica, porque rotulamos o outro inibindo o diálogo. Temos a tendência de julgar o que vai contra com o nosso juízo de valor, com o que queremos do mundo. Quando o julgamento é moralizador, interrompemos a conexão e o diálogo com o outro.

Reagimos a uma crítica culpando o outro por meio de julgamentos e rótulos, e o outro se defende, julga-nos também ou assume a culpa que o faz se sentir mal. A situação gira em torno do culpado e inocente, não havendo espaço para o diálogo em relação à situação. Grande parte do nosso sofrimento acontece por causa das nossas frustrações, o que remoemos dentro da nossa cabeça com interpretações e julgamentos.

Acreditamos que nossa natureza humana é egoísta. A ideia de egoísta e competitivo está enraizada na nossa cultura, estamos treinados e viciados. Nossa sociedade funciona na crença de que o ser humano não é bondoso, na crença do autointeresse e na sobrevivência do mais forte. A essência da natureza humana é parte competitiva e parte compassiva. Podemos nos comunicar gerando menos resistência ao outro e a nós mesmos, abrindo espaço para a empatia e cooperação, para a sobrevivência das espécies. Não é a linguagem dos bonzinhos, é reconhecer nossas necessidades e sentimentos e fazer pedidos específicos, comunicando de forma autêntica, com respeito à adversidade, com respeito ao outro. Mudar a forma de comunicação, falar de forma honesta, autêntica, oferecendo empatia, ao invés de reagir. É abrir os olhos e ouvidos para vermos que, por trás de um julgamento e crítica, está presente uma expressão trágica de uma necessidade dita de forma julgadora.

A CNV aponta para a construção de um novo modelo de comunicação no qual o mediador atua para o desenvolvimento de uma percepção cooperativa da realidade, através de ouvir e ser ouvido, possibilitando o compartilhamento de ideias e posições com maior flexibilidade, favorecendo a interação e criando senso comum de empatia e compaixão para satisfazer as necessidades das partes. A mediação oferece espaço para o exercício da CNV, a fim de ampliar os laços de confiança, reciprocidade, solidariedade e cooperação, promovendo interações mais estreitas, a fim de que as partes possam desenvolver condições para estarem mais abertas ao diálogo, para tratarem seus conflitos e compartilharem seus sentimentos, experiências, necessidades, com o objetivo restaurar os danos e satisfazer os anseios. Dessa maneira, a mediação estimula a capacidade de autodeterminação dos indivíduos, quando eles, ao se apropriarem de seus conflitos, tornam-se protagonistas de suas próprias histórias.

Observar os fatos sem julgamentos e críticas para o diálogo continuar. Descrever o que aconteceu para começar o diálogo de forma saudável e diferente. A carga emocional está embutida, e, dessa forma, criamos espaço para o diálogo, ao invés de rotular, julgar, avaliar. Descrever os fatos, o que aconteceu realmente, como se estivéssemos filmando o fato, a cena. É superar e transcender os julgamentos.

Tendemos a responsabilizar o outro pelos nossos sentimentos, pelo que a gente sente. Nosso repertório do que sentimos é escasso. Sentimentos são luzinhas que aparecem para vermos quais são as nossas necessidades. O estímulo está fora de mim e o que causa é a minha necessidade. Eu estou assim porque preciso de determinadas coisas e não tive minhas necessidades atendidas. Através da criatividade no diálogo, reconheço a minha necessidade (autoempatia) e a do outro (empatia) diante de uma situação, e o outro reconhece a minha necessidade também. Torno-me investigador das necessidades e gero uma conexão mais profunda comigo mesmo e com o outro.

Quando guardamos nossas necessidades e não as dizemos é porque ficamos preocupados com a aprovação do outro para sermos aceitos. A violência aqui é: não se comunicar! Reconhecer nossas necessidades e estratégias para nos satisfazer irá abrir um campo de diversas possibilidades que não será só de um jeito. O campo das necessidades é abrangente, sou eu quem preciso e o que eu gostaria de pedir requer uma dose de conhecimento. Os "nãos" dos pedidos podem vir, porque por trás de todo "não" há um "sim" para a necessidade do outro. Tendemos a fazer pedidos vagos, quase fazendo com que o outro adivinhe o que queremos. É difícil pedir porque nos tornamos vulneráveis, e a maior parte das pessoas faz exigências para não receber o "não".

A CNV na mediação provoca o empoderamento e a emancipação das pessoas para pacificar seus conflitos, devolvendo a elas poder e autonomia e desenvolvendo consciência crítica. A mediação busca criar condições para que as partes convivam pacificamente, reconstruindo o social, restabelecendo a comunicação e impulsionando uma mudança cultural ao abrir espaço para as partes se expressarem sobre o fato ocorrido e construírem em conjunto a melhor resposta para sua discórdia.

A marca fundamental da mediação é o diálogo e, através dele, conceder mais respeito e dignidade às partes. Despertar o potencial empático, desenvolver as habilidades empáticas, demonstrar que compreendemos os outros e se fazer entendido diminui muito a resistência do outro para te escutar. A comunicação se torna intensa para ouvir, ser ouvido e perceber sinais de pessoas que precisam de empatia. Abrir espaço para o momento da empatia, escutar e ser escutado. Escuta interessada, conexão emocional com o outro, através dos olhos do outro, das necessidades, sentimentos e pedidos. Manter o coração aberto para ir ao ponto do outro, colocar-se no lugar do outro.

É nesse movimento que a CNV constitui precioso recurso para a mediação de conflitos, podendo proporcionar o êxito, à medida que as partes ganham a oportunidade de expressarem sinceramente o que estão observando, sentindo, necessitando e pedindo. Ao mesmo tempo em que tais pessoas manifestam empatia por elas mesmas e pelo outro, torna-se possível um entendimento, nascido da vontade livre e aberta, capaz de suprir as necessidades de ambas e abrir espaço para o que possa emergir como necessidade de um e de outro.

REFERÊNCIA BIBLIOGRÁFICA

ROSENBERG, Marshall. *Nonviolent communication. A language of life*. California: PuddleDancer Press, 2003. (Traduzida no Brasil pela Editora Ágora, 2006.)

UM CONVITE A PENSAR

Eduardo Henrique de Moura[1]

"Gostaria de te convidar a pensar." Essa frase, dita por minha supervisora[2], caiu como uma maçã na minha cabeça e penso que na cabeça da mediada também. Que frase bem dita! E eu continuava ali, pensando e repensando na frase enquanto ela pensava no seu conflito.

Eu, com os ouvidos e olhos atentos – como deve sempre estar um mediador na mediação, refletia sobre como aquelas palavras mexeram com a cabeça das partes e com muitas partes da nossa cabeça.

Um convite a pensar. Quanta sutileza! Que convite bacana. Já te convidaram a pensar? Às vezes a gente pensa muito e os pensamentos, muitas vezes, até atrapalham, pensava eu. Mas um pensamento convidado não deveria atrapalhar. Um pensamento convidado toma banho, escova os dentes, penteia os cabelos, passa perfume e coloca a melhor roupa para chegar bonito na cabeça. Um pensamento convidado tem de ser elegante, educado e chegar bem preparado na mente.

E eu ali, esperando aquele pensamento para ajudar a resolver o conflito. De repente, o pensamento aparece e eu, atento à mediação, recebo sem julgamentos. E, atento ao convite, convidei meus pensamentos e pensei nas necessidades e sentimentos por trás dos outros pensamentos. E um pensamento convidou o outro, que convidou outro e que convidou mais um e, num instante, os pensamentos dançavam nas nossas mentes. E foram virando falas, lágrimas, queixas, escutas, lembranças, dores, mágoas que precisavam ser ditas e ouvidas para aliviar o coração. Como é importante, nesse momento, falar e o mediador, com empatia, escutar.

---

1 Graduado em Engenharia Elétrica. Mediador voluntário no Centro Judiciário de Solução de Conflitos e Cidadania de Belo Horizonte (CEJUSC BH).

2 Cleide Rocha de Andrade, mediadora judicial e supervisora de alunos em processo de formação de mediadores e das atividades dos mediadores voluntários sob sua coordenação.

De repente, os pensamentos do mediador estão misturados aos sentimentos, ao não julgamento, à escuta atenta, à empatia; comunicam-se com nossa essência e viram intuições, algo mais poderoso que nossa razão. Razão que não quer o que é certo ou errado, mas o que é. E o que é, é poderoso e transformador porque mostra a realidade e retira as expectativas.

Talvez nunca ninguém tenha feito um convite para pensar, talvez nunca alguém tenha parado para escutar, talvez nunca tenha havido respeito e empatia. No entanto, se, por algumas horas, isso tudo acontece na mediação, o respeito e o afeto criados geram uma possibilidade de enxergar o conflito de outra forma. Não me lembro se ocorreu o acordo, mas sei que algo se transformou de algum modo, porque fomos todos convidados a pensar.

AS MEDIDAS PROTETIVAS E A MEDIAÇÃO

Lúcia Helena Fuscaldi Souza e Silva[1]

"Nunca deixar de ouvir com outros olhos."
O Teatro Mágico

Nós, humanos, nascemos em condição de desamparo e precisamos que um outro cuide de nós para que possamos sobreviver. Ao interpretar nossas necessidades por meio da linguagem, dando a elas um significado, nomeando-as, esse outro, que exerce a função de cuidar, nos introduz na cultura em que nascemos.

A vida em sociedade é uma necessidade humana, construímos relações com nossos pares, servindo-nos da linguagem, comunicando, através dela, sonhos, desejos e valores. Assim, cada um de nós vivencia seus próprios dramas e alegrias, num dia estamos plenos, em outros nem tanto e seguimos no cotidiano das relações até que, diante da complexidade do ser e *de ser* humano e da nossa dificuldade em conviver com a diversidade, surgem os conflitos. Conflitos são vistos pela maioria de nós como inconvenientes, negativos, sinais de fraqueza ou inadequação. Para superá-los, os envolvidos buscam diversas formas, e atos de violência podem, muitas vezes, ser tentativas de eliminar um conflito, na ausência de recursos internos ou outros mecanismos de comunicação para lidar com determinadas circunstâncias da vida relacional.

Segundo Maria Berenice Dias, em seu texto "A Lei Maria da Penha na Justiça", a violência doméstica está caracterizada como aquela "cujos atos ocorrem no âmbito da família, entre pessoas que mantêm ou tenham mantido um vínculo de natureza familiar, ou quando praticada no contexto de qualquer relação íntima de afeto." A violência praticada por homens reproduz um modelo de relação que faz pensar ser natural a hegemonia do poder masculino sobre a família e sobre a mulher.

---

1 Psicóloga. Mediadora Voluntária no Centro Judiciário de Solução de Conflitos e Cidadania de Belo Horizonte (CEJUSC BH).

A Lei Maria da Penha (Lei nº 11.340/2006) foi criada para coibir a violência contra a mulher, levando em consideração aspectos e especificidades antes deixados de lado pela lei. Nela estão expressas cinco formas específicas de violência doméstica e familiar: violência física, psicológica, sexual, moral e patrimonial. Mulheres vítimas de violência doméstica ou familiar encontram na Lei Maria da Penha, especialmente nas Medidas Protetivas de Urgência, a força que obriga o Estado a protegê-las.

A Lei prevê dois tipos de Medidas Protetivas de Urgência: as que proíbem o agressor de praticar determinadas condutas e as que são direcionadas à mulher e seus filhos, com o objetivo de protegê-los:

> Art. 22. Constatada a prática de violência doméstica e familiar contra a mulher, nos termos desta Lei, o juiz poderá aplicar, de imediato, ao agressor, em conjunto ou separadamente, as seguintes medidas protetivas de urgência, entre outras:
>
> I – suspensão da posse ou restrição do porte de armas, com comunicação ao órgão competente, nos termos da Lei n. *10.826*, de 22 de dezembro de 2003;
>
> II – afastamento do lar, domicílio ou local de convivência com a ofendida;
>
> III – proibição de determinadas condutas, entre as quais:
>
> a) aproximação da ofendida, de seus familiares e das testemunhas, fixando o limite mínimo de distância entre estes e o agressor;
>
> b) contato com a ofendida, seus familiares e testemunhas por qualquer meio de comunicação;
>
> c) frequentação de determinados lugares a fim de preservar a integridade física e psicológica da ofendida;
>
> IV – restrição ou suspensão de visitas aos dependentes menores, ouvida a equipe de atendimento multidisciplinar ou serviço similar;
>
> V – prestação de alimentos provisionais ou provisórios.
>
> *§ 1º As medidas referidas neste artigo não impedem a aplicação de outras previstas na legislação em vigor, sempre que a segurança da ofendida ou as circunstâncias o exigirem, devendo a providência ser comunicada ao Ministério Público.*

Ao buscar o Judiciário e as Medidas Protetivas, a mulher tem a intenção de reivindicar de um terceiro, que personifica a lei, o papel de interromper a situação de violência, dizendo da proibição de tais atos. O Direito foi criado pela sociedade humana para dirimir seus conflitos e garantir a paz. Do nascimento à morte, a vida humana é regida por normas reguladoras de conduta. No entanto, a lógica adversarial do Direito nem sempre soluciona os conflitos, mesmo quando é eficaz. Faz-se necessário o uso de caminhos que possam prover ao jurisdicionado algo mais do que podem as normas jurídicas impessoais, mesmo que aplicadas com bom senso pelos juízes.

Na Mediação de Conflitos, que existe desde sempre em quase todas as culturas primitivas ou avançadas, é oferecida uma possiblidade de escuta, acreditando-se que as pessoas têm, elas mesmas, ferramentas próprias para solucionar suas queixas. O novo CPC dá um passo importante quando traz que os métodos consensuais de solução de conflitos deverão ser estimulados por juízes, advogados, defensores públicos e membros do Ministério Público.

Há uma percepção cada vez mais abrangente de que as questões, interesses e necessidades apresentados sob o conflito o tornam muito mais complexo do que simplesmente algo a ser anulado, evitado ou dominado. Nas modernas concepções, os conflitos são vistos como algo a ser transformado em oportunidades de crescimento para todos os envolvidos.

No CEJUSC BH, recebemos demandas de todos os tipos, mas a maior parte vem, sem dúvida, das Varas de Família e muitos casos têm Medidas Protetivas.

Quando as partes vêm para a primeira sessão de Mediação, são recebidas pelos mediadores e é feito a elas um convite: falar daquilo que é importante para si e ouvir o mesmo do outro. É oferecida a oportunidade de exporem suas questões, preocupações e sentimentos em relação àquilo que as levou até ali, ouvindo tudo isso do outro também.

A seguir, comento alguns casos e seus desfechos.

Caso 1

As partes apresentam-se separadamente, acentuando que devido à Medida Protetiva, não poderiam estar na mesma sala, mesmo depois de ter sido dito a elas que ali, no espaço seguro do Fórum, poderiam optar por estar juntos durante as sessões. Ela é estudante de Direito. Ele, servidor público. Eram namorados e tiveram um filho. Trazem questões relativas aos alimentos e à convivência. Questionados sobre a razão da medida restritiva, ela diz que, no dia em que o juiz autorizou a visita por parte do pai, após um período em que ela não lhe permitia ver a criança, ela não estava em casa e quando chegou, ele, não tendo conseguido contato com as pessoas que lá se encontravam, estava muito nervoso, gritando e brigando com ela na frente dos vizinhos. Muito assustada e amedrontada com aquilo que viu, ela pede a medida protetiva. Segundo ele, as pessoas estavam na casa, ele podia vê-las já que o muro era baixinho e, mesmo assim, não atendiam à campainha. Sendo assim, ele pulou o muro, que era baixo, e bateu à porta. No instante seguinte, a rua estava tomada por policiais, que confiscaram sua arma e o levaram preso. Diz que tudo isso se devia ao fato de ele a haver traído. Para ele, o motivo era vingança. Ele diz se sentir intensamente prejudicado, pois, por causa da Medida Protetiva, ele jamais poderia ser promovido ao cargo que almejava e para o qual vinha se preparando há algum tempo.

Todo o processo de mediação foi realizado em sessões individuais, onde é assegurada a confidencialidade e apenas o que é permitido pela parte pode ser levado à outra. A flexibilização das posições foi construída no momento do levantamento das questões relativas aos interesses de cada um quanto à convivência e aos alimentos para o filho. As exigências são, aos poucos, transformadas em pedidos: reivindicação por parte do pai de não precisar de um terceiro para buscar e levar de volta a criança nos dias em que estivesse com ele, estar presente nos eventos da escola, apesar da Medida Protetiva, e poder falar com o filho ao telefone durante a semana. O pedido da mãe era para maior colaboração do pai em relação aos gastos com uniforme e material escolar. A comunicação sobre os eventos da vida do filho passaria a ser feita por uma agenda. Uma questão importantíssima para o pai, o pernoite com o filho que, até então, não era permitido pela mãe, ficou para ser decidido pela própria criança, quando esta manifestasse a vontade de permanecer. O comportamento das respectivas famílias foi objeto de reflexão e ajustamento.

Ao ofertarmos o procedimento, buscamos humanizar a forma de lidar com os conflitos, transmutando-os em oportunidades de esclarecer e informar, de expor questões, preocupações e sentimentos em relação àquilo que os levou até ali, ouvindo tudo isso do outro também. Oferecemos um caminho, mas a escolha cabe a eles.

Nas sessões privadas, quando convidamos as partes a falar, acolhendo a verdade de cada um sem julgamento, eles puderam se expressar acerca da violência, permitindo que o mediador funcionasse como ponte, mas algo se perde no caminho e chega ao outro destituído de sentido e importância. Recusando-se a falar um com o outro, resguardam-se das questões que poderiam levá-los a refletir sobre a responsabilidade de cada um naquela situação.

No decorrer da relação que terão para sempre como pais, a comunicação respeitosa acerca das questões do filho seria de extrema importância para o desenvolvimento da própria criança, pois constatar que os pais têm uma relação harmônica é o que traz segurança a ela.

O objetivo maior da Mediação é restabelecer a comunicação perdida para que, dali em diante, as partes possam resolver elas próprias as questões que surgirem diante das novas demandas da vida como pais. Nesse caso, o acordo foi possível, mas a dor causada um ao outro não pôde ainda encontrar uma via de resolução. O possível foi buscar atingir um objetivo superior compartilhado por ambos: o bem-estar do filho diante do convívio com ambos.

Caso 2

As partes vêm de um processo que já dura alguns anos. Apresentado o procedimento, optam pela Mediação. Nas sessões que se seguem, conjuntas e individuais, vão narrando sua história: casaram-se muito jovens, ela sem família e ele com pais acolhedores que a receberam como filha. A vida foi passando, ele vivendo muitos casos extraconjugais e ela cuidando dos filhos e da casa. Ela se diz ignorada: "eu não era nada para ele." Ele vai se desenvolvendo no trabalho e ela, muito dependente, não vai a lugar algum sozinha, não sabe que ônibus pegar, nem mesmo conhece a cidade, tem medo de se perder. Quando o serviço de entregas começa a crescer, ele a leva para trabalhar com ele, mas "ela é muito difícil, cria caso com todo mundo", ele diz. As crianças vão crescendo e ele resolve construir uma casa para a família, próximo à casa dos pais dele, onde viviam. Ela não quer sair de onde está, sente-se segura lá. Ele constrói a casa sozinho, ela, muitas vezes, nem sequer leva para ele a refeição. Eles se mudam para a casa, ele faz amizade com os vizinhos, ela sempre em casa. Ele reclama que ela não o acompanha, ela diz que as pessoas não gostam dela. Sempre brigando muito com os filhos, que já estão grandes e reclamando que ele não para em casa, um dia decidem separar-se. Ela vai morar "de favor" na casa de uma amiga. Lá, segundo ele, passa a ter um caso com um parente da amiga, ocasionando uma briga com a mesma. Resolve ir em casa um dia, pegar umas coisas e, segundo ele, chega acompanhada pelo namorado. Os filhos ficam chocados, chamam o pai que estava no trabalho e este a expulsa da casa, empurrando-a e segurando fortemente em seu braço, impedindo-a de levar suas coisas. Ela busca proteção na Lei Maria da Penha e são acionadas as Medidas Protetivas. A partir daí, ela passa a morar com várias pessoas, causa problemas "porque não consegue ficar calada", segundo ela mesma. Sem renda, não consegue pagar aluguel. Diz não conseguir trabalho. Quer voltar para casa, para os filhos, agora maiores de idade. Ele se recusa terminantemente a aceitar. A casa é motivo de orgulho para ele, é onde vive hoje, em harmonia com os filhos. Os filhos se recusam a vê-la, têm mágoa do modo como tudo se desenrolou e, principalmente, da Medida Protetiva.

Na Mediação, o protagonismo das partes leva-as a se enxergarem como atores principais daquela história e a desenvolver a autonomia para decidir sobre as próprias vidas. No espaço seguro das salas de Mediação, é possível dar voz e ouvir do outro os esclarecimentos que permitem caminhar de outra forma dali para frente. Cada um vai poder falar e ouvir do outro o que é importante para si: sentimentos e necessidades, diante das questões que os levaram até ali. Ao dizer: "Eu não era nada para ele", ela fala do seu sentimento e se dispõe a ouvir os esclarecimentos da parte dele: "Eu era muito jovem, não sabia o que queria", e cria um movimento em direção ao diálogo: "Era mesmo, o pai dele que obrigou ele a casar".

O papel do mediador é facilitar a busca de uma solução que satisfaça ambas as partes. Eles nos ajudam a entender quais são suas necessidades e nós os ajudamos a examinar cada questão, buscando alternativas em que os dois se sintam beneficiados. Nesse caso, o interesse dela era voltar para "sua" casa e resgatar o convívio com os filhos. Há anos morando "na casa dos outros", ela se sentia desprotegida e prejudicada pelo ex- companheiro, "que estava no bem bom". O interesse dele era resolver de alguma maneira que desfizesse de vez o vínculo entre eles e, principalmente, que ela retirasse a Medida Protetiva, por causa dos filhos, que se sentiam magoados com isso. Foi informado a ele que a mulher pode apenas manifestar o desejo de que a Medida Protetiva seja retirada, mas o único que pode efetivamente suspendê-la é o juiz. Ela diz que só fará isso depois que tiver um lugar para viver. Lugar que seja dela "no papel".

É também papel do mediador estimular a cooperação entre as partes na busca por alternativas e por autonomia. Levá-los a pensar o que é de fato importante para eles e para os filhos. Nesse caso, para ela era garantir um lugar seu, para viver com dignidade e reconstruir uma relação de confiança com os filhos. Para ele, era poder seguir com sua vida sabendo que ela não dependia mais dele. Como os recursos estavam nas mãos dele, foi preciso que se chegasse a uma solução baseada numa decisão justa e mutuamente aceitável, ajustada pelos interesses de ambos.

Após muitas idas e vindas, muitas sessões onde as acusações foram transformadas em pedidos, onde se pôde colocar em palavras aquilo que incomodava, as transformações foram se concretizando... ela encontra um trabalho, ele encontra um outro amor e decide deixar a casa para ela e os filhos.

Ao lidar com conflitos constituídos por relações de gênero, a Mediação dá voz aos atores daquela narrativa, mulheres e homens, buscando reconstruir conceitos e ressignificar experiências, numa tentativa de interromper a espiral do conflito, onde cada ato leva a uma reação e cada reação a outra ainda pior. Assim, a Mediação aposta na recuperação do respeito e do reconhecimento do outro na sua universalidade, por meio do diálogo e da autorresponsabilização das partes, pois, de outra forma, estaríamos perpetuando a ideologia da lógica maniqueísta vítima/agressor que congela a mulher nesse papel, negando-lhe a possibilidade de recusá-lo, de ressignificar e reconstruir sua vida dali para frente.

A Mediação é um processo voluntário, e para quem decide ficar é oferecida uma trajetória que exige coragem: olhar para si e buscar motivações e responsabilidades pode ser muito doloroso, mas, como disse uma medianda num caso recente: "Estou morrendo de orgulho de mim mesma!" porque ali enfrentamos nosso medo do outro, nosso temor do próprio conflito e nesse movimento de olhar para si e para o outro, reconhecemos em nós a força necessária à transformação da fragilidade em autonomia.

REFERÊNCIAS BIBLIOGRÁFICAS

DIAS, Maria Berenice. *A Lei Maria da Penha na Justiça*. São Paulo: Revista dos Tribunais, 2012.

MOORE, Christopher W. *O Processo de Mediação*: estratégias práticas para a resolução de conflitos. Porto Alegre: Artmed, 1998.

MUSZKAT, Malvina E. (Org.) *Mediação de conflitos*: pacificando e prevenindo a violência. São Paulo: Ed Summus, 2003.

MEDIAÇÕES REAIS, OBSERVAÇÕES TÉCNICAS E PERCEPÇÕES DE UM MEDIADOR

Ana Claudia Bitencourt Marcondes[1]

RESUMO

Aprender a resolver conflitos foi, por muito tempo, uma prática social estudada e praticada e um desafio acadêmico traduzido em muitos cursos, livros e iniciativas interessantes. O propósito deste artigo é reunir algumas dessas experiências e teorizações, inserindo-as, de forma utilitária, no discurso da cultura da paz. Se concordarmos que a alternativa à cultura da violência deve se basear na negociação, no diálogo, na mediação, no empoderamento, na empatia e na capacidade de administrar nossos próprios conflitos, certamente podemos aprender muito com o que foi dito e feito com relação à negociação, mediação, resolução ou transformação de conflitos, embora sem pretensões definitivas e com o único propósito de aproveitar o conhecimento que pode ser transferido para múltiplas atividades humanas. Enfim, é uma forma de dizer ao Universo que os conflitos são muito bem-vindos porque nos dão a oportunidade de sermos melhores e repensarmos nossos erros, lapidando o tesouro que cada um de nós tem dentro de si.

Palavras-chave: Mediação. Conflito. Comunicação não violenta. Imparcialidade.

[1] Diretora da LIVRES – Câmara de mediação e Cursos. Coordenadora de cursos da LIVRES. Professora de métodos adequados de solução de Conflitos. Mediadora judicial atuante no CEJUSC BH Mediadora privada com formação pelo IMAB. Mediadora privada do Núcleo de Mediação da OAB-MG. Advogada com formação na faculdade Cândido Mendes no Rio de Janeiro. Advogada colaborativa com formação pelo IBPC. Membro da Comissão de Mediação OAB-MG. Membro da Comissão de arbitragem OAB-MG. Membro do CBAR e instrutora da Oficina de Pais, adolescentes e crianças do TJMG. Pós-graduada em processo civil pela PUC Minas e Pós-Graduanda em Mediação pela faculdade UNYLEYA.

Sumário: 1. Introdução. 2. O objetivo da mediação. 3. O acordo sem reuniões conjuntas. 4. Advogados, mediadores e mediados na mediação. 5. Conclusão. 6. Referencias Bibliográficas.

1. INTRODUÇÃO

Quanto mais mediamos, mais nos aperfeiçoamos nas técnicas utilizadas e mais entendemos o verdadeiro sentido da mediação, assim como o sentido de suas ferramentas. A cada caso atendido, vislumbramos uma nova visão sobre os efeitos que cada técnica tem. Cada caso é um caso, a ferramenta utilizada para Maria, em João não surte o mesmo efeito. Pessoas são complexas e a mediação é um laboratório constante de aprendizagem do mediador. Não há fórmulas certas ou uma única escola a seguir, como sendo a melhor. O que há são posicionamentos teóricos que fazem toda a diferença na forma de conduzir a mediação e a necessidade que se apresenta com cada mediado.

2. O OBJETIVO DA MEDIAÇÃO

Levando em consideração que o objetivo da mediação não é acordo e, sim, uma melhora na comunicação, sem ruídos, a partir da facilitação ofertada pelo mediador às partes, quando ocorre o acordo, este é considerado um *plus*. Muitas vezes, as partes decidem finalizar a mediação sem o acordo. Isso não significa que a mediação foi um fracasso, muito pelo contrário. Aconteceu o que eles davam conta naquele momento. E isso tem que ser respeitado. Mediação não é terapia, mas inegável os efeitos terapêuticos que ela pode dar às partes em conflito.

Muitos mediados voltam, depois de um tempo, querendo homologar o que eles construíram, depois de finalizarem a mediação, sem o acordo. Há casos em que procuram os mediadores novamente, só para a redação do acordo, justificando que a mediação conseguiu fazer com que eles refletissem e mudassem de ideia ao longo do tempo.

Entendemos que os reflexos de uma comunicação mais clara e limpa, construída naquela mediação onde não foi realizado o acordo, fizeram com que as partes repensassem. E, nesse momento, temos a certeza de que a mediação finalizada sem o acordo, no primeiro momento, foi uma mediação de sucesso, porque conseguiu atingir o objetivo, que é melhora da comunicação dos mediados, reforçando a autonomia e legitimidade das partes na mediação.

Além do que um acordo, em que as partes tiveram de fato uma comunicação sem ruídos, em que conseguiram entender as necessidades do outro e suas próprias, possibilita acordos efetivos, que serão cumpridos, em sua maioria.

3. O ACORDO SEM REUNIÕES CONJUNTAS

No entanto, há casos diferentes, até inusitados, em que os mediados chegam querendo fazer o acordo de qualquer maneira, sem querer ver o outro. Pedem que sejam atendidos separadamente e deixam claro que aquele acordo é sua última tentativa possível de solução para o problema, mas não querem abrir mão de suas posições.

A princípio, o mediador pode entender que aquele caso não seja para a mediação, já que as partes estão fechadas em seus posicionamentos, não demonstrando qualquer motivação para mudar o raciocínio. Contudo, pessoas nos surpreendem, e a mediação mais ainda.

Certa vez, uma mulher chegou relatando que não abriria mão das condições que ela acreditava serem as ideais para sua filha no acordo, já que seu ex-marido, pai da menina, era usuário de cocaína e que, para ela, ficava muito difícil permitir as visitas em tais condições, porque ela ficava muito insegura.

Ele se mostrava muito disposto a fazer de tudo para voltar a conviver com a filha, mas estava muito fragilizado e abalado emocionalmente e, da mesma forma, não queria encontrá-la. Ele queria voltar a conviver com a filha, como era antes da briga que tiveram, e ela queria um pai mais responsável, além de ser reconhecida como uma pessoa que o ajudou a vida inteira, mesmo separada. Os dois tinham necessidade de reconhecimento, um pelo outro.

Nos casos em que os mediados chegam muito fechados em suas posições, ansiosos para que se resolva a situação, mas não estão preparados para reuniões conjuntas, alguns mediadores iniciantes podem pensar que essa não seja uma mediação, já que não estão dispostos a ouvir o outro, frente a frente. Definitivamente, isso não é verdade.

Nesses casos, conta a habilidade do mediador: utilizar-se de ferramentas técnicas de condução de conflitos que não trarão riscos dele tornar-se um menino de recados, uma pessoa que "leva e trás" conversas, saindo de sua função de facilitador da comunicação.

Nessa mediação, foram aplicadas as técnicas da mediação transformativa, que são o espelhamento, a verificação e o afastamento.

As intervenções do mediador transformativo são no sentido de que ele intervenha em toda oportunidade de empoderamento e reconhecimento. Nesse sentido, houve muitas oportunidades de se aplicarem essas ferramentas.

O mediado, em suas falas, relatava muita fragilidade, sentia-se inseguro e muito triste por não ver o filho, já que se sentia culpado por ter ofendido a ex-mulher na frente do filho, na discussão que motivou o afastamento. Queria ser reconhecido por aquela mulher, como um pai com qualidades. Ao mesmo tempo, reconhecia em si um pai presente e dedicado, mas não sabia como poderia ser reconhecido pela mãe de seu filho, como uma pessoa normal, capaz de contribuir para o sustento do filho e voltar a ter a convivência que tinha antes.

As exigências dela em relação à pensão de um salário mínimo soavam para ele como um reconhecimento, como homem e como pai, capaz de contribuir economicamente para a criação do filho. Tal sentimento foi exposto porque ela sempre o tratou como uma pessoa que não tinha condições de sustentar-se e ele nunca priorizou um trabalho fixo, para dar conta de qualquer contribuição, seja quando estavam juntos, seja depois da separação, para o filho. Ela falava que o pai do filho sabia dar amor e era presente com o menino, mas lhe faltava o requisito da responsabilidade, e ela sentia isso como uma afronta, um aproveitamento, uma falta de reconhecimento da necessidade dela enquanto mãe e ser humano.

Foi o limite que ele necessitava para sentir-se um homem com responsabilidades. Ela, por sua vez, ao ver que ele concordou, se surpreendeu e ficou muito feliz, porque sentiu a responsabilidade de pai na questão econômica, fato que não foi demonstrado em mais de 11 anos do filho. Ao mesmo tempo, aceitou a condição dele de que faria somente uma vez ao mês o exame toxicológico através da urina, ao invés de toda semana, como inicialmente ela queria como condição para ver o filho.

Vemos que, após se sentirem atendidos em suas necessidades, reconhecidos, conseguiram fazer o acordo e saíram satisfeitos. A partir desse acordo, muito provavelmente, outras questões entre eles poderão ser trabalhadas por eles mesmos.

Conclui-se que a mediação foi realizada, já que o que eles precisavam naquele momento era desse acordo, como uma base para a reconstrução da confiança dessa relação.

Enfim, atingiu-se o objetivo deles naquele momento e era o que eles precisavam. Reforça-se, assim, tanto a visão prospectiva da mediação, que é olhar para frente, quanto a flexibilidade do instituto.

Foi uma mediação sem comunicação direta entre eles, sem face a face, mas foi possível realizar o acordo. E o objetivo da mediação, que seria a melhora da comunicação entre eles, se dará depois, muito provavelmente, viabilizado por um acordo escrito, primeiramente.

Portanto, a informalidade da mediação é que proporcionou ser dessa forma, sua flexibilidade de atender o que as partes em conflito queriam, a capacidade delas de saber seus limites e de construírem o que foram capazes de acordar com suas limitações pessoais.

4. ADVOGADOS, MEDIADORES E MEDIADOS NA MEDIAÇÃO

Importante destacar que a informalidade antes descrita dá a oportunidade de outros acontecimentos inusitados dentro de uma mediação, o que é muito rico para todos os participantes da mediação: mediados, mediadores e advogados.

A participação dos advogados na mediação é muito importante, visto que são grandes parceiros dos mediadores e, portanto, merecem toda escuta e todas as oportunidades de se manifestarem para ajudar os mediados a construírem opções inteligentes e construtivas que ajudem no acordo, facilite o entendimento, melhore a comunicação, além de tirarem dúvidas jurídicas, que não pode, de forma alguma, ser feita pelos mediadores.

Entre todos os participantes, deve haver uma conexão, que se faz presente quando todos estão *mindfulness*[2], ou seja, estão presentes, com total voluntariedade nesse círculo de encontros de ideias, sentimentos, histórias, facilitada pelos mediadores.

Entre mediador e co-mediador, é necessário que essa conexão se dê de tal modo que esses se complementem na fala, nas ferramentas utilizadas, como um bate bola leve e conectado. Os mediadores são o espelho do comportamento dos mediados e até dos advogados presentes. Se eles forem desconexos, muito provavelmente isso irá afetar as pessoas presentes, não os dando segurança. Se mediador e co-mediador se atropelarem ao falar, não seguirem a mesma linha de raciocínio, eles não conseguirão ter mediados e advogados que se comportem diferente. A insegurança reina e o caos é total e, muito provavelmente, a mediação não prosperará.

---

2 A atenção plena, também chamada *mindfulness* é uma faculdade espiritual ou psicológica considerada de grande importância no caminho para a iluminação, de acordo com os ensinamentos de Gautama Buda (GREGÓRIO *et al.*, 2015).

Em uma mediação em que os mediados foram casados e tiveram três filhos, os assuntos que as partes queriam tratar eram sobre guarda, convivência e pensão alimentícia. Estavam presentes os advogados das partes e, após as partes se pronunciarem na primeira sessão conjunta sobre seus interesses, deixando claro as suas necessidades, os advogados sentiram-se tão à vontade, que falaram de suas vidas particulares, na tentativa de ajudar seus clientes a entenderem sobre a importância da união da família, das suas dificuldades pessoais e de como aquelas partes deveriam ser gratas a Deus por não terem a dificuldade de vida que eles tiveram. Dessa forma, tudo contribuiu para que saísse um acordo benéfico para ambos, nos moldes do ganha-ganha e, mais do que nunca, ficou provado que, em uma mediação, a conexão existe, proporcionando somente ganho a todos e fazendo com que haja uma maior vontade de expressar as ideias e uma maior transparência.

5. CONCLUSÃO

A mediação é uma construção entre teoria e prática do mediador, suas percepções, suas autoavaliações a cada mediação feita. É um hábito de escuta ativa, de estar com o outro de forma inteira. É como uma cabine que nos leva no tempo do outro, juntamente com nossas emoções que precisam estar neutras, livres de preconceitos e armaduras. Ser mediador é ser mais que imparcial, é respeitar o ser humano na sua integralidade, acreditando na capacidade de autodeterminação das partes. É saber a hora de parar quando o caso realmente não é para mediação; é ter essa maturidade de respeitar o que as partes querem, mesmo que você não concorde. Mediação é reconhecimento do outro. É a crença que ninguém melhor do que as partes para saberem o que é melhor para elas. É acreditar que as pessoas podem construir sempre algo melhor do que foi feito até o presente. É acreditar em mudanças, em formas de dizer a mesma coisa de maneira mais suave, que não machuque o outro, mas que o faça compreender a necessidade alheia. Enfim, é uma forma de dizer ao Universo que os conflitos são muito bem-vindos porque nos dão a oportunidade de sermos melhores e repensarmos nossos erros, lapidando o tesouro que cada um de nós tem dentro de si.

6. REFERÊNCIAS BIBLIOGRÁFICAS

BRASIL. *LEI Nº 13.105, DE 16 DE MARÇO DE 2015. Código de Processo Civil.* Disponível em: <http://www.planalto.gov.br/ccivil_03/_Ato2015-2018/2015/Lei/L13105.htm>. Acesso em: set. 2018.

BRASIL. *LEI Nº 13.140, DE 26 DE JUNHO DE 2015*. Dispõe sobre a mediação entre particulares como meio de solução de controvérsias e sobre a autocomposição de conflitos no âmbito da administração pública; altera a Lei nº 9.469, de 10 de julho de 1997, e o Decreto nº 70.235, de 6 de março de 1972; e revoga o § 2º do art. 6º da Lei nº 9.469, de 10 de julho de 1997. Disponível em: <http://www.planalto.gov.br/ccivil_03/_ato2015-2018/2015/Lei/L13140.htm>. Acesso em: set. 2018.

BRASIL. *RESOLUÇÃO Nº 125, DE 29 DE NOVEMBRO DE 2010*. Disponível em: <http://www.crpsp.org.br/interjustica/pdfs/outros/Resolucao-CNJ-125_2010.pdf>. Acesso em: set. 2018.

BOMFIM, Ana Paula Rocha do (Org.). *Manual de Mediação.* Salvador: Editora Fundação Faculdade de Direito da Bahia, 2014, p. 170.

FOLGER, Joseph P.; BUSH, Robert A. Baruch. *Mediação transformativa e intervenção de terceiros: as marcas registradas de um profissional transformador.* Novos paradigmas em mediação, p. 85-100, 1999.

GRAY, John. *Homens são de Marte, mulheres são de Vênus.* Rio de Janeiro: Rocco, 1995.

GREGÓRIO, Sonia Isabel Martins *et al. Mindfulness: implicações clínicas,* 2015. Tese de Doutorado.

ROSENBERG, Marshall B. *Comunicação Não-Violenta, Técnicas para aprimorar relacionamentos pessoais e profissionais.* São Paulo: Ed. Agora, 2006.

MEDIAÇÃO DE CONFLITOS: UM PANORAMA DA PERCEPÇÃO DOS USUÁRIOS DO CEJUSC BH

Geysha Rocha Cavalcante[1]

RESUMO

O presente trabalho tem como objetivo apresentar a prática da mediação no Centro Judiciário de Solução de Conflitos e Cidadania - CEJUSC, localizado no município de Belo Horizonte no estado de Minas Gerais. Para nortear a pesquisa delineou-se a seguinte questão: Em que medida a prática da mediação de conflitos no CEJUSC BH facilita o acesso à justiça? Na busca de responder a tal questionamento foi necessário lançar mão de pesquisa bibliográfica com o intuito de aclarar o conceito de mediação e contextualizar sobre o CEJUSC. Além disso, foram analisados os resultados da pesquisa de avaliação de satisfação do usuário realizado e divulgado pelo CEJUSC BH no ano de 2017. Os resultados evidenciam significativa relevância sobre a ótica qualitativa em relação ao método autocompositivo avaliado e indicam que o setor de mediação do CEJUSC BH é percebido de forma positiva no que tange a uma nova perspectiva para a solução de conflitos. Conclui-se que a mediação enquanto política pública não apenas contribui para o acesso a justiça, como também, torna-se um trabalho imprescindível para a disseminação de uma cultura pacificadora, contudo, apesar da mediação se revelar

[1] Servidora do Tribunal de Justiça do Estado de Minas Gerais e mediadora voluntária no Setor de Mediação do Centro Judiciário de Solução de Conflitos e Cidadania de Belo Horizonte. Graduada em Direito pela FADIPA - Faculdade de Direito de Ipatinga – 2013. Graduada em Psicologia pela Pontifícia Universidade Católica de Minas Gerais –1989. Pós-graduada em Metodologias de Avaliação e Novas Tecnologias de Ensino pelo CEPEMG.

promissora enquanto propulsora de uma justiça restaurativa, hábil para contribuir na reformulação de posturas comportamentais, existem ainda muitos desafios para que os resultados possam abranger uma demanda maior de litigantes.

Palavras-chave: Mediação. CEJUSC BH. Código de Processo Civil.

INTRODUÇÃO

Atualmente no Brasil, as discussões acerca do papel do Judiciário têm se tornado recorrentes, visto que os conflitos são diversos e crescentes, além disso o amparo legal se faz precário (SILVA, 2017). Há de se destacar a necessidade de uma nova perspectiva acerca dos conflitos que chegam até o Judiciário a fim de solucionar a grande demanda jurisdicional brasileira.

Diante disso o novo Código de Processo Civil (CPC) destaca a busca por uma composição consensual entre as partes, incentivando o uso de métodos alternativos de solução de conflitos. O novo CPC, no parágrafo 3º do artigo 165, situa a mediação como um método a ser utilizado quando houver vínculo anterior entre as partes, devendo o mediador auxiliar os interessados a compreender as questões e os interesses em conflito, de modo que eles possam, pelo restabelecimento da comunicação, identificar, por si próprios, soluções consensuais que proporcionem benefícios mútuos.

O novo CPC foi desenvolvido para garantir uma prestação jurisdicional mais justa, com o intuito de solucionar o problema do acesso à justiça e da crise que afronta o Poder Judiciário (FERNANDES, 2017).

Nessa perspectiva, no novo CPC dispõe de uma disciplina dedicada aos institutos de mediação e conciliação, pode-se destacar a Seção V intitulada **Dos Conciliadores e Mediadores Judiciais**, Capítulo III, Título IV do Livro III **Dos Sujeitos do Processo**. Nesse sentido, Júnior (2015, p. 51) ressalta:

> A valorização do papel da mediação e da conciliação dentro da atividade jurisdicional se faz presente de maneira mais expressiva no Novo Código de Processo Civil, que, além de prevê-las como instrumentos de pacificação do litígio, cuida de incluir nos quadros dos órgãos auxiliares da justiça servidores especializados para o desempenho dessa função especial e até mesmo de disciplinar a forma de sua atuação em juízo (arts. 165 a 175).

A mediação surge como uma forma de resolução de conflitos, onde o mediador, através de uma atuação imparcial e pautada em regras pré-estabelecidas, facilita a comunicação entre os mediandos, contribuindo para a identificação de questões e interesses que se revelam divergentes. Vezzulla (1998, p. 16) define a mediação como:

> [...] uma técnica de resolução de conflitos não adversarial, que, sem imposições de sentenças ou de laudos e com um profissional devidamente formado, auxilia as partes a acharem seus verdadeiros interesses e a preservá-los num acordo criativo em que as duas partes ganhem.

O presente trabalho tem como objetivo apresentar a prática da mediação no Centro Judiciário de Solução de Conflitos e Cidadania - CEJUSC[2], localizado no município de Belo Horizonte no estado de Minas Gerais. Nesta perspectiva foi delineada a seguinte questão norteadora:

Em que medida a prática da mediação de conflitos no CEJUSC BH facilita o acesso à justiça?

O estudo se caracteriza como qualitativo. Segundo Denzin e Lincoln (2006) a pesquisa qualitativa é uma atividade situada que localiza o observador no mundo e consiste em práticas interpretativas e materiais que dão visibilidade ao mundo, transformando-o em uma série de representações e significações. Na pesquisa de caráter qualitativo: "[...] os pesquisadores estudam as coisas em seus contextos [...] tentando entender ou interpretar os fenômenos em termos dos sentidos que as pessoas lhe atribuem" (DENZIN, LINCOLN, 2006, p. 17).

Para alcançar o objetivo proposto e buscar responder o questionamento central dessa pesquisa, foi necessário lançar mão de pesquisa bibliográfica com o intuito de aclarar o conceito de mediação e contextualizar sobre os CEJUSCs. Além disso, foram analisados os resultados da pesquisa de *Avaliação de satisfação do usuário* realizada e divulgada pelo CEJUSC BH no ano de 2017[3], em relatório datado de 28/02/2018.

Este texto foi divido em quatro partes, além desta introdução e considerações finais. Inicialmente são realizadas discussões sobre os CEJUSCs, busca-se apresentar como acontece o seu funcionamento. Em seguida, as discussões são direcionadas a aclarar o processo de mediação. Posteriormente é apresentada a metodologia utilizada na pesquisa e em seguida os resultados e análises.

---

[2] O CEJUSC é uma unidade do Poder Judiciário especializada em atendimento ao público para a solução consensual de conflitos e orientação nas matérias relativas à cidadania

[3] *Relatório de Atividades do Setor de Mediação, Ano de 2017* – documento elaborado pelas servidoras do Setor de Mediação do CEJUSC BH relativo ao detalhamento das atividades realizadas no ano de 2017. Entre os resultados apresentados, constam análises dos dados referentes aos 374 casos de mediação atendidos e a tabulação da "Avaliação de Satisfação do Usuário" respondida por mediados e seus advogados.

1. CENTRO JUDICIÁRIO DE SOLUÇÃO DE CONFLITOS E CIDADANIA – CEJUSC

O judiciário brasileiro tem enfrentado uma crise na qual o número de processos aumenta consideravelmente e os jurisdicionados estão cada vez mais distantes de resolver os seus conflitos de interesse, visto que atendimento acaba se tornando moroso. Nesse contexto, o Conselho Nacional de Justiça (CNJ) impulsionado a tomar providências em busca de flexibilidade e economicidade processual, elaborou a resolução n° 125 a qual estabelece a criação de Centros Judiciários de Solução de Conflitos e Cidadania, para a resolução adequada dos conflitos no âmbito do poder judiciário (SILVA, ROCHA, 2018).

Segundo o Conselho Nacional de Justiça (2015), os Centros Judiciários de Solução de Conflitos e Cidadania devem abarcar o setor de solução de conflitos pré-processual, o setor de solução de conflitos processual e o setor de cidadania, além de possuir uma estrutura funcional que compreenda um Juiz Coordenador e um adjunto, devidamente informados quanto aos métodos autocompositivos , que serão responsáveis pela sua administração, além de fiscalizar o serviço de mediadores e conciliadores. Além disso, os CEJUSCs devem contar com servidores com dedicação exclusiva, que possuam capacitação em métodos consensuais de solução de conflitos, ressaltando-se que pelo menos um dos servidores deve possuir capacitação para triagem e encaminhamento adequado de casos.

Portanto, cabem aos Juízes Coordenadores dos CEJUSCs a orientação e fiscalização dos servidores quanto à triagem de casos e o monitoramento da capacitação e atuação de mediadores e conciliadores. Além disso, é necessário que os Juízes além do funcionamento dos CEJUSCs, acompanhem os procedimentos de conciliação e mediação com propriedade (CNJ, 2015).

O Conselho Nacional de Justiça (2015) ressalta ainda que o procedimento adotado nos CEJUSCs fica a cargo dos tribunais:

> De um modo geral, no setor de solução de conflitos pré-processual poderão ser recepcionados casos que versem sobre direitos disponíveis em matéria cível, de família, previdenciária e da competência dos Juizados Especiais, que serão encaminhados, através de servidor devidamente treinado, para a conciliação, a mediação ou outro método de solução consensual de conflitos disponível (CNJ, 2015, p. 20) .

Como já destacado anteriormente, a mediação é o processo de interesse desse trabalho, portanto, é de suma importância esclarecer tal processo no tópico subsequente.

2. MEDIAÇÃO

A mediação é uma negociação facilitada por um terceiro (CNJ, 2015). A lei nº 13.140 em seu parágrafo único destaca: "Considera-se mediação a atividade técnica exercida por terceiro imparcial sem poder decisório, que, escolhido ou aceito pelas partes, as auxilia e estimula a identificar ou desenvolver soluções consensuais para a controvérsia" (BRASIL, 2015, on-line).

Já o novo CPC, no artigo 165 § 3º, afirma que a mediação é um processo autocompositivo no qual as partes em disputa são auxiliadas por um mediador que de forma indireta os auxilia a identificar por si próprios a solução consensual do conflito (BRASIL, 2015).

Conforme preconiza o Conselho Nacional de Justiça,

> Os chamados "processos autocompositivos" compreendem tanto os processos que se conduzem diretamente ao acordo, como é de forma preponderante a conciliação, [...] quanto às soluções facilitadas ou estimuladas por um terceiro geralmente, mas nem sempre, denominado "mediador". Em ambos os casos, existe a presença de um terceiro imparcial, o que significa que os interessados renunciaram parte do controle sobre a condução da resolução da disputa (CNJ, 2015, p. 34).

Os processos autocompositivos permitem que: I) As partes continuem, suspendam, abandonem e retomem as negociações; II) As partes se comuniquem diretamente durante a mediação, da forma estimulada pelo mediador; III)Nenhuma questão ou solução seja desconsiderada, cabe ao mediador contribuir para a criação de opções que transcendam a questão monetária (CNJ, 2015).

Por fim, o Conselho Nacional de Justiça (2015) ressalta que na mediação as partes não precisam necessariamente chegar a um acordo. As partes interessadas podem encerrar a mediação a qualquer momento sem sofrerem maiores danos, pois esse é um processo não vinculante, ou seja, os interessados não possuem o ônus de participar do processo.

3. METODOLOGIA

Este trabalho se configura como uma pesquisa qualitativa. A área de estudo é o CEJUSC de Belo Horizonte que foi implementado em agosto de 2011.

O CEJUSC de Belo Horizonte realiza ações com o intuito de uma adequada prestação jurisdicional nos moldes dos métodos alternativos de composição de conflitos. No caso específico da mediação de conflitos, o CEJUSC BH promoveu atividades com vistas a assegurar a qualidade nos atendimentos realizados, como também, viabilizou ações no sentido de disseminar a cultura da mediação, como: cursos, oficinas, palestras, práticas supervisionadas, encontros de estudos teóricos e práticos.

Para investigar o índice de satisfação dos mediandos e dos advogados participantes da mediação de conflitos, a equipe de mediadores que integra o Setor de Mediação do CEJUSC BH utilizou, a partir de recomendações técnicas do CNJ, o questionário denominado *Avaliação da satisfação do usuário*. Os dados obtidos por meio desses questionários de avaliação serão analisados neste trabalho com o objetivo maior de responder a questão que norteia essa pesquisa: Em que medida a prática da mediação de conflitos no CEJUSC BH facilita o acesso à justiça?

A amostra em estudo contempla um total de 200 questionários respondidos em 2017, de modo opcional, por usuários atendidos pelo Setor de Mediação do CEJUSC BH.

Por meio das respostas dos questionários, é possível aferir a percepção do usuário quanto a:

. Qualidade do atendimento

.Intervenções realizadas pelo mediador (competência);

. Benefício proporcionado com a participação nas sessões de mediação;

. Visão do Poder Judiciário pelo usuário após a participação na mediação;

Os índices de avaliação indicaram que, em uma amostragem de 200 usuários, 95,5% consideraram positiva a qualidade dos serviços prestados; 89,5% consideraram positiva as intervenções do mediador; 80,5% consideraram que participar da mediação trouxe benefícios e 72,5% consideraram que ter participado da mediação contribuiu para melhorar a Visão do Poder Judiciário.

De modo geral, é possível considerar que os dados citados acima revelam um índice de aprovação significativo do trabalho da mediação realizado no CEJUSC BH.

4. RESULTADOS E DISCUSSÕES

Os resultados evidenciam significativa relevância, sob a ótica qualitativa, do método autocompositivo avaliado. Pode-se, portanto, afirmar que o Setor de Mediação do CEJUSC BH é avaliado de forma positiva no que tange a uma nova perspectiva na solução de conflito e que essa avaliação repercute também na percepção positiva dos usuários em relação ao Poder Judiciário.

Embora a pesquisa revele resultados positivos, é necessário apontar fatores críticos que devem ser observados e enfrentados. A primeira questão se refere à expectativa de diversos operadores do Direito de que o método autocompositivo da mediação possa contribuir para a redução dos altos índices de processos que tramitam no Poder Judiciário. Ainda que o procedimento da mediação ofereça novos ares ao judiciário, sua função não é "desafogar o judiciário" como muitos dizem, compete-lhe, por excelência, envolver as partes na construção de soluções efetivas que contemplem suas necessidades. Importante também reforçar que os processos autocompositivos seguem parâmetros diferenciados em relação ao curso normal de um processo. No caso da mediação, as partes necessitam estarem predispostas a participarem das sessões de mediação e podem a qualquer tempo, suspender, abandonar ou retomar as negociações.

A segunda questão refere-se aos riscos de uma avaliação que priorize parâmetros quantitativos em detrimento aos parâmetros qualitativos apontados na pesquisa. Destaca-se que a mediação se torna um meio efetivo de aprimorar os diálogos e contribuir na reformulação de posturas comportamentais. Trata-se de um modelo que estimula a escuta ativa e a capacitação dos envolvidos no sentido de aprenderem a superar os possíveis entraves no processo de comunicação e negociação. Sabe-se que o processo de reformulação de posturas comportamentais, requer tempo e investimento em iniciativas que fortaleçam a assimilação de uma cultura não adversarial.

Considerando, portanto, os aspectos levantados, entende-se necessária a realização de mais estudos, debates e pesquisas sobre a mediação no judiciário, visando o aprimoramento do seu uso e de seu alcance.

5. CONCLUSÃO

Conclui-se que a mediação, enquanto política pública, não apenas contribui para o acesso a justiça, como também, torna-se um trabalho imprescindível para a disseminação de uma cultura pacificadora, capaz de proporcionar através do método utilizado, a promoção de diálogos construtivos e respeitosos entre os envolvidos. A mediação torna-se portanto, uma ferramenta importante para o aprimoramento das relações interpessoais.

Considera-se ainda que a cultura da mediação pode ser compreendida como uma maneira de ampliar resultados que sejam estimuladores de uma justiça restaurativa e pacificadora. Conclui-se que mediar proporciona reformulação de posturas, amplia competências para interagir com os mais diferentes tipos de percepções humanas, aguça a capacidade de ouvir e amplia a percepção para os aspectos subjetivos de um diálogo.

Embora a mediação se revele promissora enquanto propulsora de uma justiça restaurativa, hábil para contribuir na reformulação de posturas comportamentais e apoiada por diplomas normativos que favorecem a implementação desse método, existem ainda muitos desafios para que os resultados possam abranger uma demanda maior de litigantes.

Conclui-se, ainda que, apesar da mediação se apresentar como um método de resolução eficiente, sua principal função presta-se à solução do conflito na essência, com estímulo à comunicação e restabelecimento de vínculos entre pessoas, e, igualmente, capaz de acolher as diferenças, as emoções e os sentimentos . E, nesse sentido, trata-se de um processo complexo e profundo que necessita ser realizado de maneira virtuosa, com ética e prudência.

REFERÊNCIAS BIBLIOGRÁFICAS

BRASIL. Lei nº 13.105, de 16 de março de 2015. **Código de Processo Civil.** Brasília, Disponível em: <http://www.planalto.gov.br/ccivil_03/_Ato2015-2018/2015/Lei/L13105.htm>. Acesso em: 04 fev. 2019.

BRASIL. Lei nº 13.140, de 26 de junho de 2015. **da Mediação.** Brasília, Disponível em: <http://www.planalto.gov.br/ccivil_03/_ato2015-2018/2015/Lei/L13140.htm>. Acesso em: 04 fev. 2019.

CONSELHO NACIONAL DE JUSTIÇA. **Guia de Conciliação e Mediação:** Orientações para implantação de CEJUSCs. Brasília: Conselho Nacional de Justiça, 2015. Disponível em: <http://www.cnj.jus.br/files/conteudo/destaques/arquivo/2015/06/1818cc2847ca50273fd110eafdb8ed05.pdf>. Acesso em: 04 fev. 2019.

DENZIN, Norman K., LINCOLN, Yvonna S. **O planejamento da pesquisa qualitativa: teorias e abordagens.** Porto Alegre: Bookman, Artmed, 2006.

FERNANDES, Pedro. Meios consensuais de resolução de conflitos no novo Código de Processo Civil: a conciliação e a mediação. **Revista Jus Navigandi,** ISSN 1518-4862, Teresina, ano 22, n. 5196, 22 set. 2017. Disponível em: https://jus.com.br/artigos/59938 Acesso em:4 fev. 2019.

JÚNIOR, Humberto Theodoro. **Curso de Direito Processual Civil - Teoria geral do direito processual civil, processo de conhecimento e procedimento comum** - vol. I. 56ª edição. Rio de Janeiro: Forense, 2015.

SILVA, Alexandra Caporale da. **O Papel Da Mediação No Novo Código De Processo Civil: análise de sua efetividade processual.** 2017. Disponível em: <https://alexandraadvcaporale.jusbrasil.com.br/artigos/435193330/o--papel-da-mediacao-no-novo-codigo-de-processo-civil>. Acesso em: 04 fev. 2019.

SILVA, Flávia Aparecida da; ROCHA, Marcelo Alves. As novas perspectivas trazidas com a criação do Cejusc Na Comarca De Virginópolis - MG e sua relevância para o acesso à justiça. **Fadivale**, Governador Valadares, v. , n. 16, p.1-15, jan. 2018. Disponível em: <http://www.fadivale.com.br/portal/revista/>. Acesso em: 04 fev. 2019.

VEZZULLA, Juan Carlos. **Teoria e prática da mediação**. Paraná: Instituto de Mediação e Arbitragem do Brasil, 1998.

4

SOBRE A FORMAÇÃO DOS MEDIADORES

A FORMAÇÃO DOS MEDIADORES: PERSPECTIVAS, BASES PRINCIPIOLÓGICAS E ÉTICAS DA FORMAÇÃO DO MEDIADOR

Débora Brangioni Pereira[1]
Elizete Rodrigues Santos Carvalho[2]

> A aranha realiza operações que lembram o tecelão, e as caixas suspensas que as abelhas constroem e envergonham o trabalho de muitos arquitetos. Mas até mesmo o pior dos arquitetos difere, de início, da mais hábil das abelhas, pelo fato de que antes de fazer uma caixa de madeira, ele já a construiu mentalmente. No final do processo do trabalho, ele obtém um resultado que já existia em sua mente antes de ele começar a construção. O arquiteto não só modifica a forma que lhe foi dada pela natureza, dentro das restrições impostas pela natureza, como também realiza um plano que lhe é próprio, definindo os meios e o caráter da atividade aos quais ele deve subordinar sua vontade .
>
> Karl MARX, *O Capital.*

---

1 Mediadora judicial e extrajudicial. Credenciada mediadora judicial pelo TJMG, com cadastro no Conselho Nacional de Justiça (CNJ). Mediadora judicial voluntária no Centro Judiciário de Solução de Conflitos e Cidadania de Belo Horizonte (CEJUSC BH). Membro da Comissão de Mediação da OAB-MG. Advogada. Especialista em Direito Administrativo e Direito Empresarial.

2 Mediadora judicial e extrajudicial. Credenciada mediadora judicial pelo TJMG, com cadastro no Conselho Nacional de Justiça (CNJ). Certificada como mediadora pelo Instituto de Certificação de Mediadores Lusófonos (ICFML). Mediadora judicial voluntária no Centro Judiciário de Solução de Conflitos e Cidadania de Belo Horizonte (CEJUSC BH). Membro da Comissão de Mediação da OAB-MG. Pedagoga. Psicopedagoga. Advogada. Especialista em Pedagogia Empresarial, Educação a Distância e Psicologia da Educação.

O presente artigo terá como objeto discutir a formação dos mediadores frente ao instituto da Mediação, reconhecida esta como um meio aplicável para solução de conflitos, em que as próprias pessoas auxiliadas por um terceiro imparcial, solucionam as respectivas questões, sem transferir a solução a um julgador.

A escolha do tema foi motivada pelo fato de que os meios distintos da sentença prolatados pelo Poder Judiciário, considerados também como adequados para solução de conflitos vêm, na prática, confirmando a real possibilidade de os próprios envolvidos no conflito solucionarem, com alto grau de satisfação, suas demandas.

A Mediação de conflitos tem se mostrado uma grande conquista para as comunidades, notadamente em suas relações familiares, comunitárias, escolares, empresariais, comerciais e judiciais, e o seu desenvolvimento possibilitou maior fluxo da comunicação entre os diversos atores envolvidos nos litígios. Ressalta-se que quanto mais se democratiza o acesso aos meios adequados e consensuais de resolução de controvérsias, maior a participação das pessoas no processo, a manutenção da comunicação entre estas e o aprendizado útil para a resolução de suas questões em qualquer contexto.

O instituto da Mediação opera sob a convicção de que a controvérsia pode se transformar em um ponto de conversação e cooperação, num ambiente colaborativo, no qual os envolvidos, tornando-se titulares do processo, assumem responsabilidades quanto às decisões a serem tomadas. Constitui-se, pois, um importante processo de pacificação social elemento tão caro à efetivação da justiça.

Disso decorre que o terceiro imparcial, o qual na hipótese da Mediação, é o mediador, não é um ser idealizado, que se constitui a partir de uma formação puramente abstrata, desgarrada dos problemas concretos da vida social e notadamente das relações interpessoais, mas ao contrário, um profissional, do qual é preciso conhecer o perfil, papel e função, que é detentor de uma formação voltada para a ação e a intervenção eficaz na prática mediativa.

Neste contexto, este trabalho abordará, especialmente, os princípios (chaves) da Mediação, fatores determinantes em todo e qualquer processo de formação inicial e continuada dos mediadores, bem como os pressupostos éticos norteadores desses princípios, cuja observância é decisiva para que a prática atinja de forma adequada as pessoas que se valem da Mediação.

Em última perspectiva, serão abordados os aspectos gerais da formação do mediador, sem, contudo, esgotar a amplitude e alcance de sua dimensão pedagógica.

1. O MEDIADOR E SUA IDENTIDADE PROFISSIONAL

O mediador é um terceiro imparcial, capacitado e independente, que auxilia os mediandos no processo de Mediação. Tem autoridade de condutor desse processo e não da decisão, que, por sua vez, cabe apenas às partes. A confiança das partes em relação ao mediador é elemento fundamental para a efetividade da Mediação.

Aprofundando a respeito da identidade do mediador, Lia Castaldi Sampaio e Adolfo Braga Neto a apresentam por exclusão:[3]

- O mediador não é juiz nem arbitro: são os mediandos que decidem, e não o mediador. Seu papel é ajudá-los a tomar decisões conscientemente, responsabilizando-se por elas. Já o Juiz ou árbitro, têm o poder de julgar, decidir, arbitrar.

- O mediador não é advogado: ele não aponta caminhos, não defende esta ou aquela parte; ocupa-se de ambas as partes, com imparcialidade, respeitando a equidade; o advogado vê o problema como uma questão legal, para o mediador, o problema é percebido como algo pessoal, com (certas) consequências no plano jurídico.

- O mediador não é psicólogo: ele não faz psicoterapia, não trabalha nem explora os conflitos intrapessoais, apenas identifica os mais presentes que afetam a relação interpessoal buscando sua relação com as questões discutidas. Na terapia os temas emocionais são amplamente explorados e, ainda que possa haver acolhimento das emoções, mudança psicológica ou impacto na relação entre os participantes, o processo de mediação não é uma exploração ou aprofundamento dos temas e das reações emocionais.

- O mediador não é conselheiro: O conselho corre o risco de ser um atalho que conduz a uma solução ingênua, ilusória, inadequada. Seu conteúdo, limitado às percepções do conselheiro, pode pouco ou nada a ver com os interesses das partes. O mediador deve, se for o caso, orientar ambos ou um dos mediandos a buscar as informações úteis com advogados, contadores, psicólogo, para melhor compreensão do conflito.

- O mediador não é assistente social: ele deve assistir os mediandos com todas as ferramentas pacificadoras do conflito, as quais partem do pressuposto que o poder de decisão cabe às partes. Tais ferramentas não podem ser confundidas com assistencialismo, no sentido de tutelar os mediandos por suas limitações.

---

[3] SAMPAIO, Lia Regina Castaldi; BRAGA NETO, Adolfo. *O que é mediação de conflitos*. São Paulo: Brasilense, 2014, p. 92-95.

- O mediador não é médico ou outro profissional da área da saúde: ele não deve simplesmente atacar o sintoma, ou seja, o conflito por meio de diagnósticos propiciado por exames médico-laboratoriais, mas, sim, conhecer de maneira profunda e pessoal a inter-relação existente entre os mediandos para que estes possam, sob seu tratamento, modificar o diagnóstico;

- O mediador não é administrador: ele não deve administrar as pessoas, por meio de regras ditadas por ele. Neste caso, o mediador deixa de estar no mesmo nível das pessoas e se coloca num patamar superior, lugar que facilita eventuais, sugestões de soluções.

- O mediador não é engenheiro ou outro profissional da área de exatas: ele deve entender que a estratégia na mediação deve ser entendida como ferramenta de trabalho a ser usada com as pessoas e, como tal, não responder a elas de maneira exata, ou na forma em que foi pensada pelo profissional que a aplicou, transformando-a em uma equação exata. Cabe ressaltar que a mediação privilegia a espontaneidade e a reflexão das pessoas sobre essas equações.

Nessa linha de pensamento, é notável que a identidade profissional do mediador é de natureza muito peculiar, que não se confunde com qualquer outra eventualmente sugerida. Dado o alcance e a natureza de sua atividade, o mediador possui formação que requer uma série de condições e habilidades para exercer efetivamente a sua função. Mostra-se, pois, essencial uma capacitação específica e permanente.

2. PAPEL E FUNÇÃO DO MEDIADOR

A compreensão acerca dos papéis do mediador é de forte relevância ao estudo sobre a formação desse profissional. No processo de Mediação, alguns papéis são atribuídos ao mediador como os de: (i) coordenador do processo, fazendo uso da empatia e da habilidade de transmitir aos mediandos um conjunto de valores fundamentais ao bom desenvolvimento do processo, tais como cooperação, confiança, respeito, serenidade; (ii) agente transformador, percebido como aquele que estimula o poder das partes, minimizando os riscos de sua própria influência nos resultados do processo; e (iii) facilitador e catalizador da Mediação, atuando na comunicação, na ampliação dos recursos e na exploração dos problemas.[4]

[4] SAMPAIO, Lia Regina Castaldi; BRAGA NETO, Adolfo. *O que é mediação de conflitos*. São Paulo: Brasilense, 2014 p. 91-92.

A atuação do mediador nos diferentes papéis estimula os mediandos a cooperarem na Mediação e tomarem decisões quanto às questões apresentadas. Nota-se que a conduta alinhada do mediador desenvolve a confiança com as partes, que é primordial ao processo de mediação.[5]

Ainda sem esgotar as funções exercidas pelo mediador, destacam-se as seguintes: acolher os mediandos, incluindo suas emoções; esclarecer acerca da Mediação, explicando o que é, para que serve e os seus objetivos, o papel dos envolvidos como protagonistas do processo, atribuindo-lhes o poder de decisão; administrar a participação de todos de forma equânime, assegurando a livre expressão, o respeito entre os envolvidos, o bom andamento dos trabalhos; facilitar a comunicação; focar nos interesses e nas necessidades individuais e comuns dos mediandos; incentivar a busca de contextos alternativos, a construção de consenso e a busca de soluções criativas e executáveis; redigir o termo de acordo, quando a solução for alcançada.[6]

3. PRINCÍPIOS E ÉTICA NA FORMAÇÃO DO MEDIADOR

Os princípios informadores da Mediação revelam os embasamentos éticos e funcionais dessa prática, sendo essencial tê-los como norteadores para que os participantes sejam por ela adequadamente alcançados.[7] Na visão de Carlos Eduardo Vasconcelos tem-se que:

> Os princípios da mediação consubstanciam os seus fundamentos éticos e funcionais. A dinâmica e os fundamentos da mediação de conflitos não afrontam ou desconhecem a validade dos textos e do direito positivo, mas com eles não se confundem, pois, a substância do método da medição está na tópica, na problematização, na consideração teleológica a partir do legítimo protagonismo transdisciplinar das pessoas envolvidas nas circunstâncias existenciais do conflito. Nesta perspectiva, a mediação de conflitos, com seus valores, técnicas e habilidades, supõe princípios voltados ao asseguramento da efetiva facilitação do diálogo, em condições de igualdade de oportunidades e liberdade igual, com vistas à compreensão e ao alcance dessa justiça do caso concreto.[8]

[5] RODRIGUES JUNIOR, Walsir Edson. *A prática da mediação e o acesso à justiça*. Belo Horizonte: Del Rey, 2006.

[6] VASCONCELOS, Carlos Eduardo de. *Mediação de conflitos e práticas restaurativas*. 5. ed. Rio de Janeiro: Forense; São Paulo: Método, 2017, p. 206-216.

[7] TARTUCE, Fernanda. *Mediação nos conflitos civis*. 3. ed. Rio de Janeiro: Forense; São Paulo: Método, 2016, p.189.

[8] VASCONCELOS, Carlos Eduardo de. *Mediação de conflitos e práticas restaurativas*. 5. ed. Rio de Janeiro: Forense; São Paulo: Método, 2017, p.226-227.

Os princípios da Mediação norteiam toda a metodologia desse instituto, a conduta ética do mediador e a participação das partes envolvidas no conflito. Tais princípios têm por objetivo preservar a probidade do processo e proteger aqueles que o utilizam. São elementos diferenciadores das práticas conduzidas por mediadores habilitados e qualificados daquelas que são informais e conduzidas por parentes ou amigos.

Ademais, destaca-se que mediadores qualificados exercitam sua atividade em um espaço neutro, num determinado limite de tempo, com organização adequada e assegurando, por meio de princípios e regras básicas, a confiabilidade no processo e a segurança de todos os envolvidos.[9]

Em outro sentido, os princípios propõem mudanças do comportamento humano, funcionando como estímulos à construção de um diálogo diferente entre as pessoas. Possuem forte carga pedagógica que para a sua concretização, vale-se de uma série de técnicas que promovem uma comunicação eficaz, a partir de uma escuta qualificada.

Os princípios da Mediação estão elencados em bloco único na legislação pertinente.[10] Não obstante, alguns doutrinadores apresentam-nos em dois blocos, a saber, o da Mediação propriamente dita (princípio da autonomia da vontade das partes, da confidencialidade, da oralidade, da informalidade, do consensualismo e da boa-fé) e o do mediador (princípio da imparcialidade, da independência, da tomada de decisão informada).

No que concerne ao mediador há de se considerar ainda que a competência, a diligência e a credibilidade são norteadores éticos da conduta desse profissional, apesar de não configurarem no rol legislativo dos princípios.[11]

Nessa perspectiva, nota-se que a Mediação, imbuída de seus próprios princípios, é uma metodologia voltada à busca do diálogo, da comunicação entre as pessoas envolvidas na controvérsia, em igualdade de condições e de oportunidades.

Em linhas gerais, são princípios basilares da Mediação, norteadores de todo o planejamento que envolva a formação de mediadores:

> a. Autonomia da vontade das partes ou autodeterminação: É essencial que os mediandos queiram livremente decidir, sendo soberana a vontade destes.

[9] PARKINSON, Lisa. *Mediação familiar.* Belo Horizonte: Del Rey, 2016, p.49-50.

[10] BRASIL. Código de Processo Civil. Lei Federal nº 13.140/2015. Código de Ética dos Conciliadores e Mediadores Judiciais da Resolução CNJ 125/2010. Código de Ética para Mediadores Extrajudiciais do (CONIMA).

[11] RODRIGUES JUNIOR, Walsir Edson. *A prática da mediação e o acesso à justiça.* Belo Horizonte: Del Rey, 2006, p. 85.

b. Decisão informada: Determina ao mediador assegurar-se que os mediandos estejam providos de dados suficientes sobre os direitos envolvidos na controvérsia, de modo que seja possível a tomada de decisão consciente.

c. Informalidade: Indica que o mediador tenha autonomia e liberdade na organização e condução do processo. Parte da ideia de que o excesso de formalismo conduziria a uma postura rígida do mediador, o que invariavelmente, inibiria uma condução leve da Mediação, cuja base é comunicacional e dialógica.

d. Oralidade: A Mediação se desenrola com o uso de uma linguagem essencialmente oral, respeitando a forma e o modo de comunicação dos envolvidos, bem como atribuindo a estes o protagonismo do processo.

e. Busca do consenso: Toda e qualquer decisão deve ser construída consensual e livremente pelos mediandos, nas mesmas condições de igualdade de oportunidades e de liberdade para a tomada de decisões.

f. Imparcialidade: O mediador deve manter-se equidistante e ausente de comprometimento em relação aos envolvidos no conflito, assegurando aos participantes um tratamento equitativo, isento e imparcial. Para tanto, deve ser completamente estranho aos interesses em jogo, tendo, pois, credibilidade para agir no processo pela certeza de sua independência.

g. Boa-fé: Refere-se à participação leal e interessada de todos os participantes da Mediação, com postura positiva perante as questões controvertidas, promovendo o consenso e a busca pela satisfação de interesses comuns.

h. Confidencialidade: Garante que os participantes possam se expressar com abertura e transparência, confiantes de que o espaço lhes é reservado para tal, sem algum prejuízo decorrente da atuação pautada na boa-fé.

i. Isonomia: É a igualdade de oportunidades concedida aos participantes durante a Mediação.

Adicionalmente, elencam-se outros princípios norteadores da conduta do mediador, extraídos da doutrina, do Código de Ética dos Conciliadores e Mediadores Judiciais, da Resolução CNJ nº 125/2010[12] e o Código de Ética para Mediadores Extrajudiciais[13]do CONIMA:

---

[12] BRASIL. Conselho Nacional de Justiça. Resolução nº 125 de 29 de novembro de 2010. Dispõe sobre a Política Judiciária Nacional de tratamento adequado dos conflitos de interesses no âmbito do Poder Judiciário e dá outras providências.

[13] CONIMA. Código de Ética para Mediadores Extrajudiciais.

> a. Credibilidade: O Mediador deve construir e manter a credibilidade perante as partes, sendo independente, franco e coerente.
>
> b. Competência: Refere-se à capacidade efetiva de realizar a Mediação no caso concreto. Insurge-se para a importância de o mediador compreender as suas reais qualificações e limitações, com vistas a desempenhar um trabalho rumo a atender às expectativas razoáveis dos mediandos.
>
> c. Diligência: Cuidado e a prudência na condução do processo. O mediador deve estar atento e perseguir a regularidade processual, com base nos princípios e na ética de sua atuação.
>
> d. Respeito à ordem pública e às leis vigentes: O mediador deve velar para que eventual acordo entre os envolvidos não viole a ordem pública, nem contrarie as leis vigentes. Esse princípio pode ser considerado como limite da autonomia da vontade das partes.
>
> e. Empoderamento: Os mediandos devem ser estimulados a aprender a resolver por si próprios os seus conflitos futuros, em função da experiência de justiça vivenciada na autocomposição.
>
> f. Validação: O mediador conduzirá o processo de modo a estimular os interessados a se perceberem e também o outro, como seres humanos merecedores de atenção e de respeito.

Verifica-se, pois, que a Mediação tem base principiológica e ética profunda, que merece estudo atento e contínuo para o início e o desenvolvimento próspero de sua prática. Isso leva o mediador a continuamente repensar e refletir a sua atuação, fazer autoavaliação e buscar capacitação prática, objetivando aferir a evolução de sua competência em convergência com a ética e os princípios.

Desse modo, o mediador deve ser o guardião de sua própria prática, apto a vigiar constantemente o seu agir frente a cada situação concreta que lhe é apresentada em Mediação.

3. ASPECTOS GERAIS DA FORMAÇÃO E CAPACITAÇÃO DO MEDIADOR

Não há divergências entre os estudiosos do instituto que a capacitação dos mediadores tem como base os princípios da Mediação e o padrão ético de sua atuação, sendo crucial, essa base, para o sucesso da formação almejada.

É enganoso entender que para fazer Mediação basta ter "jogo de cintura". A Mediação é uma arte que nunca termina, demandando contínuos requintes ou ajustes. Depende de um olhar atento às suas nuances e de um aprendizado contínuo. Exige uma formação profissional anterior, que envolve características pessoais como capacidade de desenvolvimento da empatia no relacionamento com o outro. Não é pura e simplesmente uma atividade de aplicação de técnicas. Além disso, a prática da Mediação demanda um estudo sistemático desse instituto, perpassando pela compreensão de seu sentido e de seus pressupostos básicos e objetivos, o que se alcança em sólida formação e capacitação.[14]

A capacitação do mediador deve considerar, ainda, a transdisciplinaridade, de modo a transcender os aspectos jurídicos da controvérsia. Deve propiciar o desenvolvimento de habilidades de comunicação para que atue como facilitador desta entre as pessoas. Deve possuir abordagens que estimulem a elaboração de perguntas pertinentes, especialmente com o objetivo de reflexão do papel, do comprometimento e da responsabilização de cada um dos envolvidos na solução do conflito.[15]

Para o mediador e escritor Adolfo Braga Neto, a capacitação em Mediação deve envolver um estudo aprofundado do conflito, abrangendo as suas origens, o seu desenvolvimento e como ele promove reflexos nas interações humanas.[16]

> (...) Um aprendizado que deve percorrer passo a passo todo o processo de mediação, para que os novos conceitos trazidos sejam incorporados de maneira efetiva e bem sedimentados;
>
> Um aprendizado que privilegia a prática gradual e permite incorporar todas as técnicas promotoras do diálogo;
>
> Estudos relativos a diversos temas que envolvem a interação humana, a partir de aspectos pessoais, profissionais, sociais ou comerciais;
>
> O domínio da interdisciplinaridade, no sentido dos conhecimentos das diversas áreas de atuação do ser humano, extraindo de todas elas tecnologia a serviço das pessoas;
>
> Habilidades em utilizar técnicas que promovam o pensar sobre a relação conflituosa, o desenvolvimento do processo de maneira que sua sensibilidade proporcione a perspectiva de futuro dos mediantes, bem como a manifestação de criatividade por parte dos envolvidos.
>
> A capacitação deve privilegiar a prática supervisionada; o estímulo à utilização de técnicas que promovam o desenvolvimento e o reconhecimento de mudanças; deve envolver um treinamento teórico e prático para a ampliação da capacidade de escuta (...).

---

14 SALES, Lilia Maria de Morais. *Justiça e mediação de conflitos*. Belo Horizonte: Del Rey, 2003, p. 108.

15 TARTUCE, Fernanda. *Mediação nos conflitos civis*. 3. ed. Rio de Janeiro: Forense; São Paulo: Método, 2016, p. 275.

16 BRAGA NETO, Adolfo. *Mediação: uma experiência brasileira*. São Paulo: CLA Editora, 2017, p. 106-109.

Denota-se que a capacitação do mediador propõe um olhar atento e sensível às diversas áreas do conhecimento da natureza humana e de suas tendências sociais, culturais, emocionais, psicológicas e culturais, dentre outras. Envolve transformações profundas nos saberes que envolvem a formação inicial do mediador, bem como conhecimentos multidisciplinares, os quais proporcionarão um aprendizado diferenciado na e para a Mediação.

Ademais, importante salientar que a Mediação traz para o campo jurídico a interlocução com outras áreas do saber, tais como ciências humanas e ciências sociais, constituindo, assim, um conhecimento interdisciplinar a serviço do acesso à justiça. Os diferentes saberes especialmente das áreas exemplificadas, entrecruzam-se e se complementam, dando forma ao instituto em questão.

A capacitação em destaque exige do mediador a busca constante de conhecimentos teórico-práticos que o auxiliem a refletir sobre o alcance de sua atuação na Mediação, compreendida como uma tarefa complexa que, por envolver várias áreas do saber, demanda preparo, habilidades e sensibilidade que delineiam o perfil desejável deste profissional.[17]

De tudo isso decorre que o perfil do mediador é construído a partir da harmonização do aprendizado teórico e prático, advindo de instituições credenciadas por entidades oficiais competentes nos termos da legislação aplicável ao tema.

4. CONCLUSÃO

Tendo como tema a formação do mediador, este trabalho buscou despertar para a identidade desse profissional, para o seu papel e a sua função, bem como para os aspectos e as bases principiológicas e éticas de sua formação.

A Mediação como meio dialógico de solução de conflitos é pensada a partir de seus princípios, os quais norteiam todo o processo mediativo e a conduta do mediador. Essencialmente por abrir espaço para que as pessoas envolvidas encontrem soluções para as próprias questões e após essa vivência solucionem diretamente os próprios impasses (empoderamento dos mediandos), é que se fortalece a importância de o mediador agir em conformidade com os princípios regentes da Mediação, bem como de preservar a probidade desse instituto e de resguardar todos que o utilizam.

Para tanto, num primeiro momento, este trabalho abordou a complexidade da identidade do mediador, de seu papel e de suas funções. Posteriormente,

---

17 TARTUCE, Fernanda. *Mediação nos conflitos civis*. 3. ed. Rio de Janeiro: Forense; São Paulo: Método, 2016, p.275.

apresentou os princípios norteadores da Mediação e da atuação desse profissional, demonstrando que os mesmos também são cruciais para a formação e a capacitação profissionais, assim como para o alcance do objetivo principal do instituto, qual seja, estimular os mediandos a se perceberem como pessoas capazes de solucionar, com o diálogo, as próprias questões.

Nesse sentido, a Mediação confere liberdade e responsabilidade aos mediandos para a tomada de decisões e direcionamento de suas próprias vidas, a partir das construções positivas obtidas nesse processo, proporcionada pela atuação de um mediador qualificado, imparcial, competente e diligente. Reconhece-se que a liberdade está presente do início ao fim da Mediação, de modo que as pessoas possuem autonomia para decidir conforme desejam ou não participar ou prosseguir como mediandos, bem como para realizarem ou não acordo sobre qualquer questão.

Atentou-se para o fato de que a conduta adequada do mediador movimenta as pessoas dentro do processo de Mediação, sendo decisiva para o alcance do propósito desse instituto, respeitando-se a autonomia da vontade dos mediandos. Numa perspectiva mais abrangente, procurou demonstrar que esse profissional é um agente de transformação social, uma vez que, em sua atuação, estimula a não transferência da tomada de decisão a terceiros alheios aos interesses em jogo e, em outra análise, a consolidação de um sistema multiportas de acesso ao Judiciário.

Por tais razões, a formação do mediador é assunto de extrema relevância para a consolidação da Mediação no Brasil, como meio efetivo de solução de conflitos que privilegia o protagonismo das partes. Daí a necessidade de que essa formação seja aderente à base principiológica e ética da Mediação, assegurada por capacitações teóricas e práticas contínuas.

5. REFERÊNCIAS

BARBOSA, Águida Arruda. *Mediação familiar interdisciplinar*. São Paulo: Atlas, 2015.

BRAGA NETO, Adolfo. *Mediação*: uma experiência brasileira. São Paulo: CLA Editora, 2017.

BRASIL. Conselho Nacional de Justiça. Manual de mediação Judicial. 6. ed. 2015, p. 10-21. Disponível em: <http://www.cnj.jus.br/files/conteudo/arquivo/2016/07/f247f5ce60df2774c59d6e2dddbfec54.pdf:.>. Acesso em: 3 abr. 2017.

BRASIL. Conselho Nacional de Justiça. Resolução nº 1 de 31 de janeiro de 2013. Altera os arts. 1º, 2º, 6º, 7º, 8º, 9º, 10, 12, 13, 15, 16, 18 e os Anexos I, II, III e IV da Resolução nº 125, de 29 de novembro de 2010. Disponível em: <https://juslaboris.tst.jus.br/bitstream/handle/1939/28620/2013_emenda0001_res0125_2010_cnj.pdf?sequence=2&isAllowed=y>. Acesso em: 3 abr. 2018.

BRASIL. Conselho Nacional de Justiça. Resolução nº 125 de 29 de novembro de 2010. Dispõe sobre a Política Judiciária Nacional de tratamento adequado dos conflitos de interesses no âmbito do Poder Judiciário e dá outras providências. Disponível em: <http://www.cnj.jus.br/atos-normativos?documento=156>. Acesso em: 3 abr. 2018.

BRASIL. Lei nº 13.140 de 26 de junho de 2015. Dispõe sobre a mediação entre particulares como meio de solução de controvérsias e sobre a autocomposição de conflitos no âmbito da administração pública; altera a Lei nº 9.469, de 10 de julho de 1997, e o Decreto nº 70.235, de 6 de março de 1972; e revoga o § 2º do art. 6º da Lei nº 9.469, de 10 de julho de 1997. Diário Oficial da União, Brasília, 29 de junho de 2015. Disponível em: <http://www.planalto.gov.br/ccivil_03/_Ato2015-2018/2015/Lei/L13140.htm>. Acesso em: 3 abr. 2018.

BRASIL. Lei nº 13.105 de 16 de março de 2015. Código de Processo Civil. Diário Oficial da União, Brasília, 17 mar. 2017. Disponível em: <http://www.planalto.gov.br/ccivil_03/_ato2015-2018/2015/lei/l13105.htm>. Acesso em: 3 abr. 2018.

CONIMA. Código de Ética para Mediadores Extrajudiciais. Disponível em: <http://www.conima.org.br/codigo_etica_med>. Acesso em: 3 abr. 2018.

FISCHER, Roger; URY, William; PATTON, Bruce. *Como chegar ao sim*. Trad. Ricardo Vasques Vieira. 3. ed. Rio de Janeiro: Salomon, 2014.

GRINOVER, A.P.; WATANABE, K.; LAGRASTA NETO, C. (Org.). *Mediação e gerenciamento do processo*. São Paulo: Ed. Atlas S.A., 2013.

MARX, Karl. *O Capital*: crítica da economia política. São Paulo: Abril Cultural, vol. I, tomo 2, 1984. (Col. Os Economistas). Disponível em: <http://alexandreconinck.blogspot.com/2015/03/a-aranha-realiza-operacoes-que-lembram.html>. Acesso em: 20 abr. 2018.

PARKINSON, Lisa. *Mediação familiar*. Belo Horizonte: Del Rey, 2016.

PONTIFÍCIA UNIVERSIDADE CATÓLICA DE MINAS GERAIS. Pró-Reitoria de Graduação. Sistema Integrado de Bibliotecas. Orientações para elaboração de trabalhos científicos: projeto de pesquisa, teses, dissertações, monografias e trabalhos acadêmicos, conforme a Associação Brasileira de Normas Técnicas (ABNT). 2. ed. Belo Horizonte: PUC Minas, 2016. Disponível em: <www.pucminas.br/biblioteca>. Acesso em: 2 set. 2017.

RODRIGUES JUNIOR, Walsir Edson. *A prática da mediação e o acesso à justiça.* Belo Horizonte: Del Rey, 2006.

SALES, Lilia Maria de Morais. *Justiça e mediação de conflitos.* Belo Horizonte: Del Rey, 2003.

SAMPAIO, Lia Regina Castaldi; BRAGA NETO, Adolfo. *O que é mediação de conflitos.* São Paulo: Brasilense, 2014.

TARTUCE, Fernanda. *Mediação nos conflitos civis.* 3. ed. Rio de Janeiro: Forense; São Paulo: Método, 2016.

TAVARES, Fernando Horta. *Mediação e conciliação.* Belo Horizonte: Mandamentos, 2002.

VASCONCELOS, Carlos Eduardo de. *Mediação de conflitos e práticas restaurativas.* 5. ed. Rio de Janeiro: Forense; São Paulo: Método, 2017.

A FORMAÇÃO DO MEDIADOR JUDICIAL

Luciana de Carvalho Medeiros[1]

RESUMO

Neste texto, iremos discorrer sobre os desafios e avanços da implementação da mediação junto ao Poder Judiciário brasileiro, analisando as políticas públicas que norteiam o exercício da mediação e os programas de formação de mediadores. No cenário nacional, a utilização de processos autocompositivo (mediação e conciliação) no Poder Judiciário tem apresentado resultados de expressiva relevância, o que, de modo geral, tem demonstrado a importância dessa nova alternativa para a solução de conflitos para a sociedade. Para atender aos objetivos deste trabalho, foi realizada uma pesquisa bibliográfica, baseada numa breve contextualização acerca do surgimento da utilização da mediação, explorando as políticas públicas na área e corroborando a ideia de que a repercussão do exercício da mediação no Brasil traz consigo a possibilidade de oferecimento ao cidadão de uma justiça não litigiosa e maior responsabilidade com a formação de mediadores, visando à eficiência e confiabilidade do jurisdicionado no instituto.

[1] Graduação em Letras pela Universidade Federal de Viçosa. Especialização em Comunicação. Mediadora judicial credenciada pelo Tribunal de Justiça de Minas Gerais (TJMG), com cadastro no Conselho Nacional de Justiça (CNJ). Expositora (em formação) da Oficina de Parentalidade e Divórcio do CNJ. Docente.

1. EVOLUÇÃO NA FORMAÇÃO DO MEDIADOR – BREVE CONTEXTO HISTÓRICO E A ATUALIDADE

Ao longo das últimas três décadas, percebe-se um crescimento progressivo acerca da utilização de métodos alternativos de resolução de conflitos como dispositivo para a solução dos mais variados tipos de controvérsias.

Embora o uso da mediação seja recente nas sociedades modernas, "sua existência remonta os idos de 3000 a.C. na Grécia, bem como no Egito, Kheta, Assíria e Babilônia, nos casos entre as Cidades-Estados".[2]

Cachapuz, ao descortinar a história da mediação, afirma o seguinte:

> Os romanos formaram uma cultura jurídica que influi, ainda hoje, em nossa legislação. Na antiga Roma, o arcaico 'Diritto Fecciali', isto é, direito proveniente da fé, em seu aspecto religioso, era a manifestação de uma justiça incipiente, onde a mediação aparece na resolução de conflitos existentes. O direito romano já previa o procedimento *in iure* e *in iudicio*, que significam, na presença do juiz, o primeiro e do mediador ou árbitro, o segundo. No antigo ordenamento ático e, posteriormente no ordenamento romano republicano, a mediação não era reconhecida como instituto de direito, mas sim como regra de mera cortesia. Na China antiga, a mediação é utilizada desde longa data para resolver as divergências entre o povo daquele tempo. Hoje a China já formou um milhão de mediadores que atuam inclusive nas escolas.[3]

No enunciado acima, observamos, segundo a autora, que a utilização da mediação, como forma de resolução de conflitos, já vem sendo realizada desde a antiguidade, e, com o passar dos séculos, foi incorporando novos perfis para atender a demandas variadas.

Ao analisarmos a utilização da mediação na contemporaneidade, a década de 1970 na América do Norte representa um marco para o estímulo à mediação, pois, nesse período, vários cursos foram sendo realizados em diversas regiões do subcontinente e, depois, outras regiões do mundo também passaram a adotar o instituto da mediação para a resolução de controvérsias. Sobre esse assunto, Moore, que trata com sofisticação o tema da mediação em sua obra intitulada "O processo de Mediação: estratégias práticas para a resolução de conflitos" explana o seguinte:

---

[2] CACHAPUZ, Rozane da Rosa. *Mediação nos conflitos e Direito de Família*. 1. ed. (2003), 4 reimpr. Curitiba: Juruá, 2011, p. 24.

[3] CACHAPUZ, Rozane da Rosa. *Mediação nos conflitos e Direito de Família*. 1. ed. (2003), 4 reimpr. Curitiba: Juruá, 2011, p. 24.

> O uso da mediação cresceu tremendamente durante os dez anos desde que este livro foi publicado pela primeira vez. Sua prática expandiu-se não somente na América do Norte, onde o procedimento tem sido extremamente articulado e aplicado a diversos problemas, mas também na África, na região Ásio-Pacífico, América Latina, Oriente Médio, Europa Ocidental e Leste Europeu.[4]

Nesse contexto, o renomado autor, destinado a dar ênfase às atividades que contribuíram para a prática de excelência em mediação na América do Norte e em outros países, elucida que:

> À medida que o campo da mediação desenvolveu- se, os procedimentos tornaram-se mais formalizados e em alguns locais os papéis profissionalizados e os profissionais tomaram várias iniciativas para promover uma prática excelente.[5]

A expansão da utilização da mediação, como método de solução de conflitos nos mais diversos setores da vida (educacional, comercial, ambiental, internacional, etc.), estimulou, consequentemente, a preocupação acerca da qualidade da formação do mediador, com foco na efetividade do serviço a ser prestado.

No Poder Judiciário não foi diferente: o conhecimento e a experiência adquiridos ao longo dos anos foram precípuos para que houvesse maior amadurecimento sobre a utilização da mediação realizada na instituição – a mediação judicial.

A princípio, era possível, por exemplo, que o mediador judicial atuasse sem treinamento prévio na área e inclusive poderia sugerir soluções, atuando como mediador avaliador.[6]

Com o passar dos tempos, a perspectiva de atuação do mediador judicial voltou-se para o enfoque da comunicação, o que nos permite dizer, em consonância com as políticas públicas vigentes, (Resolução nº 125/2010 do Conselho Nacional de Justiça, Lei da Mediação nº 13.140/2015 e Novo Código do Processo Civil) que o papel do mediador é o de facilitar o diálogo entre as partes, de modo a oportunizar o desenvolvimento de soluções consensuais e o protagonismo dos mediandos, para que estes, empoderados, tornem-se capazes de solucionar conflitos futuros. Essa mudança de perspectiva contribuiu para que a qualidade na formação do mediador judicial recebesse a atenção merecida e, sobretudo, as metodologias de ensino fossem objeto de contínua análise.

---

4 MOORE, Christopher W. *O processo de Mediação*: estratégias práticas para a resolução de conflitos. Trad. Magda França Lopes. 2. ed. Porto Alegre: Artmed, 1998, p. 321.

5 MOORE, Christopher W. *O processo de Mediação*: estratégias práticas para a resolução de conflitos. Trad. Magda França Lopes. 2. ed. Porto Alegre: Artmed, 1998, p. 301.

6 AZEVEDO, André Gomma de (Org.). *Manual de Mediação Judicial.* 5. ed. Brasília: Conselho Nacional de Justiça, 2016, p. 124.

2. A CAPACITAÇÃO DE MEDIADORES JUDICIAIS

A respeito da utilização da mediação no Poder Judiciário, Azevedo diz o seguinte:

> A experiência, aliada a pesquisas metodologicamente adequadas tem demonstrado que o que torna um procedimento efetivo depende das necessidades das partes em conflito, dos valores sociais ligados às questões em debate e principalmente, da qualidade dos programas.[7]

Consoante Azevedo expõe na citação acima, a qualidade dos programas de mediação também é um dos fatores que influenciam resultados potencialmente eficientes, e, nesse aspecto, merece atenção o treinamento adequado dos autocompositores.

Os conteúdos programáticos de cada treinamento podem ser conduzidos de formas distintas, mas é basilar que atendam às propostas educacionais consonantes com a Resolução nº 125 de 29 de novembro de 2010 do Conselho Nacional de Justiça (doravante Resolução nº 125/2010 do CNJ), focalizando no conhecimento acerca dos métodos autocompositvos, nas atribuições do mediador, nas habilidades de comunicação e negociação para a solução consensual de conflitos e no papel desse agente para a pacificação social.

Para tanto, os cursos de capacitação de mediadores devem ter como base em seus planos pedagógicos, elementos que ofereçam solidez para a condução de cursos de boa qualidade, tais como a seleção de pessoas com perfil adequado, a capacitação técnica (teoria e prática simulada), a observação, (que acontece após o treinamento básico e é quando o mediador, em formação, tem a oportunidade de observar casos reais e refletir sobre as melhores estratégias para a condução da mediação quando for mediar) e o acompanhamento de um supervisor, objetivando a tornar os programas de formação de mediadores mais uniformes nos tribunais.

Atendendo às premissas da Resolução nº 125/2010 do CNJ, observa-se que treinamentos para a formação de mediadores são divididos em dois módulos: o módulo teórico e o módulo prático.

No módulo teórico é oportunizado ao participante do treinamento o conhecimento acerca da aplicabilidade das técnicas autocompositivas (diferenças entre a mediação, a conciliação e a arbitragem), por meio de abordagem de teorias e estudos na área, conhecimento da bibliografia, estratégias de negociação, observação e

---

[7] AZEVEDO, André Gomma de (Org.). *Manual de Mediação Judicial.* 5. ed. Brasília: Conselho Nacional de Justiça, 2016, p. 30.

discussão de casos (vídeos), exercícios de análise de conflitos e o cursista participa de mediações simuladas.

Cabe frisar que os programas estruturados de mediação do módulo teórico são de 40 horas-aula.

Já a modalidade prática, a ser cumprida nos Centros Judiciários de Solução de Conflitos e Cidadania-CEJUSCs, em geral, composta por 60 a 100 horas, consiste na etapa em que o mediador, em formação, observa casos reais de mediação, sob a condução de um supervisor e a ele emite relatórios dos casos assistidos, bem como deve interagir no sentido de dialogar sobre as técnicas utilizadas e os resultados conquistados nas mediações observadas. A observação oportuniza ao mediador, em formação, refletir sobre o papel a ser desempenhado pelo mediador habilitado e como a utilização coerente das técnicas pode auxiliar na condução de mediações de qualidade.

Após a fase de observação, o mediador, em formação, (observado o desempenho desse mediador pelo supervisor) poderá participar de mediações de casos reais como co-mediador. A seguir, são expostas as modalidades básicas para cursos de formação de mediadores judiciais.

Modalidades básicas para cursos de formação de mediadores judiciais
(Portaria Conjunta 651/PR/2017 do TJMG e Resolução 125/2010 do CNJ)

1ª Etapa

Fundamentação: desenvolvimento do conteúdo relativo aos processos de mediação judicial.

O conteúdo deve contemplar a articulação teórica e prática, com a duração mínima de 40 (quarenta) horas.

2ª Etapa

Estágio supervisionado obrigatório na modalidade presencial.

Aplicação do aprendizado mediante o atendimento de casos reais, com a duraçãomínima de 60 (sessenta) horas e máxima de100 (cem) horas.

Ressalta-se que, para fins de cumprimento das etapas acima ilustradas, o estágio supervisionado deve ser concluído em até 1 (um) ano, contado do término da etapa de fundamentação, em conformidade com o disposto na Portaria Conjunta nº 651/PR/2017.

Indubitavelmente, os procedimentos de mediação, bem como os programas de capacitação foram se tornando, ao longo dos anos, mais estruturados, à medida que o campo da mediação foi se aperfeiçoando.

A formação de um mediador judicial requer tempo, pois esse auxiliar será capacitado a atuar nas mais diversas formas de resolução de conflitos, indo além de apenas tratar dos assuntos pontuais que levaram ao dissenso entre as partes.

De fato, essa nova era para a resolução de conflitos no sistema judiciário brasileiro propiciou a oportunidade de transformação da linha de atuação do mediador, maior preocupação com a formação desse auxiliar da justiça e com a eficiência do serviço prestado ao cidadão.

3. O PAPEL DO SUPERVISOR NA FORMAÇÃO DO MEDIADOR

No campo da mediação judicial, alguns sujeitos assumem papéis eminentes para a formação adequada do mediador, tais como os observadores, os co-mediadores, os mediadores habilitados e o supervisor. Nesse caso, atentemo-nos para o papel desempenhado pelo supervisor.

A supervisão consiste na interação entre o mediador (em formação) e o supervisor, que acompanhará o desempenho do novo mediador e dialogará acerca das oportunidades de aperfeiçoamento quanto à condução das mediações.

De modo preciso, pode-se afirmar que o supervisor é responsável pelo novo mediador e a esse deve oportunizar um diálogo positivo e sincero acerca das técnicas empregadas nas sessões assistidas pelo mediador ou nas quais o supervisionado é co-mediador, no sentido de provocar reflexão e melhoria.

Para tanto, é relevante enfatizar alguns pontos que assumem principalidade quando tratamos da conduta do supervisor: esse profissional deve auxiliar o supervisionado a melhor desempenhar suas técnicas, bem como proporcionar a uniformidade das práticas de autocomposição, de acordo com o programa desempenhado no tribunal. Assim sendo, o supervisor acompanhará o desempenho do mediador, em formação, podendo atuar como co-mediador, observador, por meio de encontro com o supervisionado e por meio de avaliação dos relatórios de sessão de mediação, observados pelo supervisionado.

Cabe ressaltar que o papel do supervisor é de suma relevância na trajetória de acompanhamento da evolução do novo mediador e que, de forma ética e imparcial, muito contribui para o cumprimento das metas de certificação do mediador em formação, além de colaborar com a gestão de programas estruturados para a formação de qualidade de mediadores judiciais.

4. QUANDO UM MEDIADOR É CERTIFICADO?

A Lei nº 13.140/2015, conhecida como Lei da Mediação, traz, no seu artigo 11, alguns requisitos basilares para o perfil do mediador judicial:

> Dos Mediadores Judiciais:
>
> Art. 11. Poderá atuar como mediador judicial a pessoa capaz, graduada há pelo menos dois anos em curso de ensino superior de instituição reconhecida pelo Ministério da Educação e que tenha obtido capacitação em escola ou instituição de formação de mediadores, reconhecida pela Escola Nacional de Formação e Aperfeiçoamento de Magistrados – ENFAM ou pelos tribunais, observados os requisitos mínimos estabelecidos pelo Conselho Nacional de Justiça em conjunto com o Ministério da Justiça.

Por oportuno, é importante salientar que o interessado em se tornar mediador pode ter graduação em qualquer área do saber, ou seja, não somente operadores do Direito podem receber capacitação em mediação de conflitos, como também psicólogos, assistentes sociais, professores etc.

Destarte, cumpridas as exigências de perfil do cursista para a formação do mediador, que compreendem participação no módulo teórico e prático, estágio supervisionado do treinamento, possuir habilidade para lidar com a resolução de conflitos, negociação etc., esse agente estará apto a receber a certificação de mediador e, assim, poderá atuar como mediador judicial, submetendo continuidade ao aperfeiçoamento na área, bem como à avaliação do serviço prestado ao jurisdicionado. Após certificação, é facultado ao novo mediador a formação continuada em outros cursos para capacitação em áreas como mediação condominial, mediação escolar, mediação familiar etc.

Com relação aos padrões técnicos, de acordo com o artigo 167 do Novo Código do Processo Civil, os mediadores habilitados deverão se inscrever no Cadastro Nacional de Mediadores do Conselho Nacional de Justiça em cadastro do Tribunal de Justiça ao qual irá atuar.

Na oportunidade, é primordial entender que há critérios para a seleção do mediador, ou seja, qualquer pessoa pode receber treinamento na área, porém algumas qualidades são necessárias para se avaliar o comportamento que mais se assemelha com o desempenho que se espera de um mediador.

Simkin[8], autor de *Mediation and the Dynamics of Collective Bargaining*, cuja obra discute uma série de questões acerca do universo da mediação, elencou dezoito qualidades de um mediador:

> A paciência de Jó;
>
> A resistência física de um corredor de maratona;
>
> A astúcia de Maquiavel;
>
> As habilidades de investigação de personalidade de um bom psiquiatra;
>
> O couro de um rinoceronte;
>
> Integridade e imparcialidade comprovadas;
>
> Uma crença fundamental nos valores nos potenciais humanos, temperada com uma capacidade de avaliar as fraquezas e a força pessoal;
>
> Uma capacidade acurada para analisar o que está disponível em contraposição ao que poderia ser desejável;
>
> Energia pessoal e ego suficientes, qualificados por uma disposição para ficar em segundo plano.[9]

Não somente as qualidades do mediador são fundamentais para a excelência na atuação, como também as habilidades desse profissional, tais como a capacidade de ouvir ativamente, ser neutro e imparcial ao conflito, saber lidar com questões mais complexas, a capacidade de promover uma linguagem conciliatória, analisar problemas, agir com empatia, saber separar as pessoas do problema etc.

Eminente lembrar que o mediador habilitado só deverá aceitar a responsabilidade de mediar um caso se sentir segurança em desempenhar tal atividade, sendo a ele imposto a responsabilidade e o dever de ética profissional.

5. O PAPEL DO NUPEMEC E DA EJEF

Neste tópico apresentaremos, de forma breve, algumas atribuições do Núcleo Permanente de Métodos Consensuais de Solução de Conflitos (NUPEMEC) e da Escola Judicial Desembargador Edésio Fernandes (EJEF).

---

8 (1971 *apud* MOORE, Christopher W. *O processo de Mediação*: estratégias práticas para a resolução de conflitos. Trad. Magda França Lopes. 2. ed. Porto Alegre: Artmed, 1998, p. 307, 308.

9 SIMKIN, 1971 *apud* MOORE, Christopher W. *O processo de Mediação*: estratégias práticas para a resolução de conflitos. Trad. Magda França Lopes. 2. ed. Porto Alegre: Artmed, 1998, p. 307, 308.

Para desenvolver a política judiciária em Minas Gerais, voltada ao tratamento adequado de solução de conflitos, conforme os preceitos da Resolução nº 125/2010 do CNJ, o NUPEMEC, órgão pertencente ao Tribunal de Justiça de Minas Gerais (TJMG), tem como responsabilidade participar da criação dos CEJUSCs, que são os Centros Judiciários de Solução de Conflitos e Cidadania em todas as comarcas de Minas Gerais.

Compete ao NUPEMEC desenvolver ações que auxiliem no cumprimento das políticas públicas, dentre elas, a promoção de práticas restaurativas, oficinas de divórcio e parentalidade, mutirões de conciliação, seminários e cursos de mediação e conciliação e demais atividades atinentes à solução consensual de controvérsias.

O TJMG, por meio do NUPEMEC, oferece cursos de capacitação de mediação para o público interno e externo ao Tribunal (advogados, assistentes sociais, psicólogos e demais interessados na área), mediante oferta de vaga no portal da EJEF/TJMG, e, quando necessário, o mencionado Núcleo pode firmar parcerias e convênios com entes públicos e privados, atendendo às disposições da Resolução nº 125/2010.

É de responsabilidade do Núcleo, além das atribuições elencadas acima, atuar na interlocução dos tribunais, criar e manter cadastro atualizado de mediadores e conciliadores e promover treinamento, cursos de atualização e capacitação sobre métodos consensuais de solução de conflitos, destinados a servidores, magistrados, mediadores e conciliadores, por meio da Escola Judicial Edésio Fernandes, a EJEF.

Cumpre mencionar que na Resolução nº 873/2018, encontram-se as demais atribuições do NUPEMEC, bem como as competências destinadas aos CEJUSCs de 1º e 2º graus.

6. INSTITUIÇÕES PRIVADAS QUE FORMAM MEDIADORES JUDICIAIS EM MINAS GERAIS – CONDIÇÕES PARA O CREDENCIAMENTO

No âmbito da Justiça de Minas Gerais, instituições interessadas em oferecer capacitação para a formação de mediadores judiciais deverão comprovar alguns requisitos para pleitear o reconhecimento da escola ou instituição formadora, sendo estes os atributos necessários: regularidade fiscal da instituição e habilitação jurídica e qualificação técnica. Além disso, é necessário o cumprimento de outros critérios, consonantes com a Portaria Conjunta nº 651/PR/2017 do Tribunal de Justiça de Minas Gerais (respeitados as prerrogativas da Resolução 125/10 do CNJ). Vejamos, por exemplo, o que diz o artigo 2º da supramencionada portaria:

> Art. 2º O procedimento de reconhecimento de que trata esta Portaria Conjunta será realizado pela Escola Judicial Desembargador Edésio Fernandes-EJEF, e contará com a colaboração do Núcleo Permanente de Métodos Consensuais de Solução de Conflitos (Nupemec).

Já no artigo 4º da mencionada Portaria Conjunta, encontramos os dispositivos necessários aos interessados em oferecer cursos de formação de mediadores judiciais:

> Art. 4º As escolas ou instituições interessadas em oferecer cursos de formação de mediadores judiciais deverão:
>
> I – dispor de espaço e recursos adequados para o desenvolvimento das práticas das duas etapas do curso;
>
> II – oferecer o estágio supervisionado, mediante o atendimento de casos reais, no próprio local do curso ou por meio de parcerias, convênios ou acordos firmados com instituições ou órgãos que ofereçam mediação extrajudicial ou judicial.

A mencionada Portaria apresenta os critérios necessários às instituições que tenham interesse em oferecer cursos de formação em mediação e conciliação. Nesse caso, obedecidos os parâmetros dispostos no texto em comento, o reconhecimento será realizado por três instrumentos: a Portaria da 2ª Vice-Presidência do Tribunal de Justiça de Minas Gerais, publicação no Diário do Judiciário Eletrônico (DJE) e disponibilização na página da EJEF.

Importante lembrar que os alunos certificados pelas instituições que forem reconhecidas como instituições formadoras de mediadores e conciliadores pela EJEF, de acordo com a Portaria Conjunta, deverão participar de todas as avaliações realizadas pela instituição e frequentar 100% da carga horária de cada etapa do curso.

Cumpre destacar que os certificados emitidos pelas instituições privadas reconhecidos pela Escola "terão validade para a atuação no território correspondente à área de jurisdição do TJMG". (Parágrafo único do artigo 5º da Portaria Conjunta).

A Portaria Conjunta nº 651/PR/2017 favorece a uniformização do ensino na área da mediação judicial em instituições conveniadas com a EJEF, trazendo, em seu anexo I, o conteúdo programático básico, no seu anexo II, o plano de curso, e no seu anexo III, a infraestrutura do local.

Importante notar que a implantação da Resolução nº 125/2010 do CNJ colaborou para que houvesse maior estruturação e ampliação do ordenamento das competências necessárias para a atuação técnica do mediador e para que outros atos jurídicos surgissem com a finalidade de estabelecer procedimentos que auxiliassem na possibilidade de geração de convênios entre os poderes público e privado.

7. A LEGISLAÇÃO

Com o passar dos tempos, o interesse pela utilização de métodos consensuais de solução de conflitos foi crescendo gradativamente e a legislação acerca do assunto também foi acompanhando as transformações nesse cenário. No final da década de 1980, esse assunto foi amplamente tratado no *Dispute Resolution Forum*[10] e chegou-se à conclusão de que os Estados começaram a valer-se de mais estatutos para consolidar as atividades da área e estimular a utilização dos métodos autocompositivos como alternativa para solução de disputas.

No Brasil, o advento da Lei da Mediação, do Novo Código do Processo Civil e da Resolução nº 125/2010 pode ser considerado mola propulsora, no sentido de impulsionar e dar credibilidade ao serviço de mediação prestado no Brasil. Para tanto, basta que consultemos, por exemplo, o banco de dados do Senado Federal[11] para verificarmos uma gama de doutrinas, jurisprudências, legislação e proposições legislativas voltada para a temática. Podemos também analisar os avanços da difusão dessa nova forma de tratamento de conflitos, por meio das inúmeras obras na área, dos especialistas no assunto, da expansão da técnica da mediação para segmentos escolares, comunitários, de administração rural dentre outros.

Outro avanço oportunizado ao cidadão é a possibilidade de realizar acordos pré-processuais por meio do Sistema de Mediação Digital do CNJ, que possibilita a facilidade na comunicação dos envolvidos, apresentando-se, portanto, como uma nova oportunidade para a solução consensual de controvérsias, mais simples e rápida.

Tudo isso reforça a importância da mediação como forma de promover um novo conceito para a educação social, objetivando a pacificação social.

No preâmbulo da Constituição Federal brasileira, encontramos o seguinte texto:

> Nós, representantes do povo brasileiro, reunidos em Assembleia Nacional Constituinte para instituir um estado Democrático, destinado a assegurar o exercício dos direitos sociais e individuais, a liberdade, a segurança, o bem-estar o desenvolvimento, a igualdade e a justiça como valores supremos de uma sociedade fraterna, pluralista e sem preconceitos, fundada na harmonia social e comprometida, na ordem interna e internacional, com a solução pacífica das controvérsias, promulgamos, sob a proteção de Deus, a seguinte Constituição da República Federativa do Brasil.

---

10 1989, *apud* MOORE, Christopher W. *O processo de Mediação*: estratégias práticas para a resolução de conflitos. Trad. Magda França Lopes. 2. ed. Porto Alegre: Artmed, 1998.

11 O banco de dados citado pode ser consultado no seguinte sítio eletrônico: http://www.interlegis.leg.br/lexml/media%C3%A7%C3%A3o%20de%20conflitos

Indubitavelmente, os métodos autocompositivos auxiliam na promoção da harmonia social e da solução pacífica de controvérsias, termos esses citados no preâmbulo da Carta Magna, oportunizando um novo modelo de Justiça não adversarial, célere, "de mútua cedência e de ganho recíproco", como bem sinaliza Santos.[12]

Esse novo modelo de justiça, que dá ao cidadão a liberdade de propor soluções para seus conflitos, rompe com a ideia de que há apenas a decisão estatal e apenas essa deve ser esperada. Gardini[13], ao analisar os instrumentos de participação social, mais propriamente a mediação de conflitos envolvendo a sociedade civil e o Estado, nos ensina que:

A mediação de conflitos é uma forma de estimular a participação individual e a autonomia privada auxiliando na construção da necessária mudança de cultura para que os sujeitos não devam sempre esperar uma resposta estatal.[14]

Outro desafio que também vem sendo cotidianamente superado é a mudança de horizonte acerca do ensino jurídico tradicional, que, cada vez mais, vem dando mais espaço à ideia de justiça não litigiosa, incorporando conteúdos voltados para a aplicação e importância de técnicas de autocomposição para os futuros operados do Direito.

8. CONCLUSÃO

A repercussão do instituto da mediação no Brasil tem contribuído, maciçamente, não somente para uma significante alteração na legislação para regulamentar segmentos diversos da área, mas também tem contribuído para a fomentação de programas de capacitação de mediadores judiciais mais estruturados, voltados à difusão do ensino que abarque a interligação entre os conteúdos teóricos e práticos, auxiliando na completude da formação do mediador e na qualidade do serviço a ser prestado à sociedade.

Acreditamos que a mediação judicial não consiste numa atividade com o objetivo de apenas desafogar o Judiciário, nem meramente para produção de acordos

---

12 Boaventura de Souza Santos. O discurso e o poder: ensaio sobre a sociologia da retórica jurídica.

13 GARDINI, Gianluca. Os instrumentos de participação à ação pública. In: Leal, Rogério Gesta (Org.). *A administração pública compartida no Brasil e na Itália*: reflexões preliminares. Santa Cruz do Sul: Edunisc, 2008, p. 125.

14 GARDINI, Gianluca. Os instrumentos de participação à ação pública. In: Leal, Rogério Gesta (Org.). *A administração pública compartida no Brasil e na Itália*: reflexões preliminares. Santa Cruz do Sul: Edunisc, 2008, p. 125.

– a atuação do mediador requer formação adequada para além da produção de estatísticas, e, para que os cidadãos tenham confiança no método, é primordial que ele atenda às suas principais funções, que é o estímulo à justiça inclusiva, pacificadora e cidadã, promotora da efetivação dos direitos fundamentais, com respeito à autonomia da vontade dos jurisdicionados, ressignificando as possibilidades de acesso à justiça.

Programas de formação de mediadores judiciais bem conduzidos e atualizados podem conceder à sociedade mediadores preparados para os mais variados desafios da carreira e beneficiar a percepção dos jurisdicionados sobre Poder Judiciário brasileiro.

9. REFERÊNCIAS BIBLIOGRÁFICAS

AZEVEDO, André Gomma de (Org.). *Manual de Mediação Judicial.* 5. ed. Brasília: Conselho Nacional de Justiça, 2016.

BRASIL. Constituição Federal de 1988. Portal da Presidência da República. Disponível em: <http://www.planalto.gov.br/ccivil_03/constituicao/constituicao-compilado.htm>. Acesso em: 5 mar 2018.

BRASIL. Lei Federal 13.140, de 26 de junho de 2015. Portal da Legislação da Presidência da República. Disponível em: <http://www.planalto.gov.br/ccivil_03/_ato2015-2018/2015/lei/l13140>. Acesso em: 1 mar 2018.

BRASIL. Lei nº 13.105/2015. Novo Código do Processo Civil. Disponível em: <http://www.planalto.gov.br/ccivil_03/_ato2015-2018/2015/lei/l13105.htm>. Acesso em: 15 jan. 2018.

CACHAPUZ, Rozane da Rosa. *Mediação nos conflitos e Direito de Família.* 1. ed. (2003), 4 reimpr. Curitiba: Juruá, 2011.

CONSELHO NACIONAL DE JUSTIÇA. Resolução n 125, de 29 de novembro de 2010. Dispõe sobre a Política Judiciária Nacional de Tratamento adequado de conflitos de interesse no âmbito do Poder Judiciário e dá outras providências. Disponível em: <http://www.cnj.jus.br/images/stories/docs_cnj/resolucao/arquivo_integral_republicacao_resolucao_n_125.pdf>. Acesso em: 2 fev. 2018.

GARDINI, Gianluca. Os instrumentos de participação à ação pública. In: Leal, Rogério Gesta (Org.). *A administração pública compartida no Brasil e na Itália*: reflexões preliminares. Santa Cruz do Sul: Edunisc, 2008.

MINAS GERAIS. Tribunal de Justiça do Estado de Minas Gerais. Portaria Conjunta nº 651/PR/2017. Dispõe sobre o procedimento de reconhecimento de escolas ou instituições interessadas em oferecer cursos de formação de mediadores judiciais que atuarão no âmbito do Tribunal de Justiça do Estado de Minas Gerais. Disponível em: <http://www8.tjmg.jus.br/institucional/at/pdf/pc06512017.pdf>. Acesso em: 24 fev. 2018.

MINAS GERAIS. Tribunal de Justiça do Estado de Minas Gerais. Resolução nº 873/2018. Dispõe sobre a estrutura e o funcionamento do Núcleo Permanente de Métodos de Solução de Conflitos, da Superintendência de Gestão de Inovação e do Órgão Jurisdicional da Secretaria do Tribunal de Justiça diretamente vinculado à Terceira Vice-Presidência, e estabelece normas para a instalação dos Centros Judiciários de Solução de Conflitos e Cidadania.

MOORE, Christopher W. *O processo de Mediação*: estratégias práticas para a resolução de conflitos. Trad. Magda França Lopes. 2. ed. Porto Alegre: Artmed, 1998.

SANTOS, Boaventura de Sousa. *O discurso e o poder*: ensaio sobre a sociologia da retórica jurídica. Porto Alegre: Sérgio Antônio Fabris Editor. 1988.

5

PROGRAMA DE MEDIADORES VOLUNTÁRIOS DO CEJUSC BH

PROGRAMA DE VOLUNTARIADO DO CEJUSC/BH

Rita de Cássia Marques[1]

No cenário atual de grandes mudanças econômicas e socioculturais, o termo *voluntariado* ainda se apresenta carregado de uma significação estática e normativa, ora vinculado ao terceiro setor nas organizações sociais, com uma prática ligada às questões inerentes à solidariedade e a cidadania, ora vinculado ao setor privado, no âmbito das empresas, sobretudo pelo viés da modernidade da aplicação do princípio da responsabilidade social empresarial.

A partir de pesquisas e análises em uma bibliografia nacional ainda bem restrita sobre o assunto, procuramos construir um arcabouço conceitual, histórico e de uma modesta verificação empírica da questão do voluntariado.

1. CONCEITO E BREVE CONSTRUÇÃO HISTÓRICA

O ponto de partida para se buscar conceituar e compreender o voluntariado na contemporaneidade ainda se norteia pelo conteúdo textual de sua previsão legal contido tanto na legislação brasileira na Lei nº 9.608/98 quanto nas normas da ONU, como se segue:

> "Trabalho voluntário é a atividade não remunerada, prestada por pessoa física a entidade pública de qualquer natureza, ou a instituição privada de fins não lucrativos, que tenha objetivos cívicos, culturais, educacionais, científicos, recreativos ou de assistência social, inclusive mutualidade"; e ainda "O voluntario é o jovem ou o adulto que, devido a seu interesse pessoal e ao seu espírito cívico, dedica parte do seu tempo, sem remuneração alguma, a diversas formas de atividades, organizadas ou não, de bem-estar social, ou outros campos." (ONU/2007)

---

[1] Graduada em Direito, atua como mediadora voluntária no Centro Judiciário de Solução de Conflitos e Cidadania de Belo Horizonte.

Segundo a legislação portuguesa temos na Lei nº 71/98 em seu art. 2º que voluntariado é:

> O conjunto de ações de interesse social e comunitário realizadas de forma desinteressada por pessoas, no âmbito de projetos e programas e outras formas de intervenção ao serviço dos indivíduos, das famílias e da comunidade desenvolvidas sem fins lucrativos por entidades públicas e ou privadas.

Ainda podemos ver os termos voluntário e voluntariado sendo conceituados por algumas organizações civis da seguinte maneira:

O voluntário é um

> ator social e uma agente de transformação, que presta serviços ao remunerados em benefício da comunidade doando seu tempo e conhecimentos, realiza um serviço gerado pela energia de seu impulso solidário, atendendo tanto às necessidades do próximo ou aos imperativos de uma causa, como às suas próprias motivações pessoais, sejam estas, de caráter religioso, cultural e filosófico, político ou emocional.[2]

E ainda:

> Trata-se de um serviço comprometido com a sociedade e alicerçado na liberdade de escolha. O voluntariado promove um mundo melhor e torna-se um valor para todas as sociedades.[3]

Apesar de toda essa força de teor normativo em torno da definição do que venha a ser voluntariado, o mesmo também se manifesta como sendo uma rica experiência social que pode ser de caráter individual ou coletivo.

Etimologicamente a palavra *voluntariado* tem sua origem carregada de uma carga significativa bastante interessante, o termo vem do adjetivo latino *voluntarius*, oriundo da palavra *voluntas*, que significa a capacidade que alguém tem para fazer escolhas ou tomar decisões. Como se abstrai: Voluntariado é "um ato livre, gratuito e desinteressado oferecido às pessoas, às organizações, à comunidade ou à sociedade".[4]

Atualmente o voluntariado tem sido considerado como uma forma de trabalho, que se difere do lazer como também do trabalho remunerado, e que pode ser exercido tanto de maneira formal como informal,

---

2 Fundação Abrinq – abr. 1996.

3 International Association for Volunteer Efforts (Iave).

4 Paré e Wavroch, 2002, p. 11 *apud* Fundação Eugênio de Almeida, p. 17.

No exercício do voluntariado, alguns valores se sobressaem como a cooperação, o compromisso, a solidariedade, e talvez, de maneira bem inesperada, a responsabilidade, tomando por base que o voluntariado não tem como primazia a recompensa pecuniária, e, sim, em uma série de outros valores agregados que se abstrai pela prestação do serviço de voluntariado. Essa forma de compensação do trabalho de voluntariado, que não envolve uma paga em dinheiro, é denominada por alguns autores como sendo uma remuneração motivacional.

A Organização das Nações Unidas (ONU) instituiu o ano de 2001 como sendo o ano internacional do voluntariado, apregoando que: "o voluntariado desempenha um papel essencial no reforço da coesão social e econômica, gerando capital social, promovendo a cidadania ativa, a solidariedade e uma forma de cultura que põe as pessoas em primeiro lugar."

O panorama histórico de origem do voluntariado é marcado pelas nuances da religião, por uma forma de trabalho social voltado para caridade em direção ao semelhante, e da salvação pelas obras. No passado, os beneficiários diretos dos trabalhos de voluntariado eram as pessoas carentes. Sobre a gênese do voluntariado marcado pelo viés da religião, Ferrari se posiciona:

> Se, por um lado, ele surge como um ideal religioso, o que nos leva a crer que as pessoas se põem a servir ao outro seguindo um mandamento divino, ele vai lentamente sendo tomado como uma estratégia de desenvolvimento de pessoas no ambiente empresarial. As ações se revelam preferencialmente autocentradas; no primeiro caso, os louros serão o reino dos céus, no modelo mais recente, se ganha vantagem competitiva no mercado.[5]

No Brasil, o voluntariado surge no século XVI por intermédio de algumas organizações religiosas, as quais criaram as Santas Casas de Misericórdia. Outro marco foi a fixação da Cruz Vermelha em território nacional no século XIX; a partir de 1930 foram impulsionadas várias políticas públicas direcionadas para ações que englobavam serviços de assistência social. Em 1942, Getúlio Vargas criou a Legião Brasileira de Assistência que tinha por finalidade prestar auxílio às famílias de soldados brasileiros enviados para a Segunda Guerra Mundial.

Porém, foi na década de 1990 que o voluntariado começou a se firmar como ação motivadora de transformação por uma mescla a qual incorporava contextos diversos das áreas sociais, jurídicas e econômicas, passando a fazer parte também do cenário empresarial. No ano de 1998, foi promulgada a Lei nº 9.608, que dispõe sobre as condições do serviço voluntário; já, em 1999, veio a Lei nº 9.790, que procurou qualificar as organizações da sociedade civil e de direito público e

---

[5] FERRARI, Rachele. *Voluntariado.* Uma dimensão ética. São Paulo: Escuta, 2010, p. 24.

disciplinou os termos das parcerias, mas foi a iniciativa do Betinho, no ano de 1993, com a criação do movimento de Ação da Cidadania e Miséria e pela Vida, que impulsionou toda a sociedade em torno das questões do voluntariado no combate maciço contra a fome e a miséria. Nesse sentido afirma Peliano:

> No centro desse movimento destacou-se a participação de Herbet de Souza o Betinho, então presidente do Instituto Brasileiro de Análises Sociais e Econômicas (IBASE), que lançou ampla campanha nacional convocando as empresas públicas e privadas para maior engajamento no combate à miséria e à elaboração de seu balanço nacional.[6]

Além disso, e nessa mesma década, surgiram, de maneira mais atuante, as Organizações não governamentais (ONGs), vinculadas aos trabalhos voltados para a área da educação, sobretudo ainda com forte influência das igrejas.

Ainda descrevendo sobre processo histórico do voluntariado, temos algumas instituições de importância que desempenharam ações que refletiam bem a prática do serviço voluntário, como, por exemplo, Vicente de Paulo (século XVI), Asilo Agrícola Santa Isabel (1863), o Orfanato Santo Antônio (1905), todas instituições de cunho religioso. Em meados do ano de 1990, surgiram as instituições do terceiro setor com a função de atuarem como intermediárias entre o Estado e o mercado, pautadas nos valores essenciais do voluntariado, quais sejam, atividades voluntárias, sem fins lucrativos e voltadas para o bem comum.

No Brasil, foi estipulado o dia 28 de agosto como dia de comemoração do Dia Nacional do Voluntariado, fato esse definido pela Lei nº 7.352/85, já para a ONU ficou instituído o dia 5 de dezembro como sendo o dia internacional do voluntariado.

Um marco histórico na esfera do Poder Judiciário mineiro, e mais especificamente na cidade de Belo Horizonte, foi a criação do Fórum de Conciliação, Mediação e Cidadania, inaugurado em 21 de novembro de 2016 e localizado na Rua Francisco Sá, 1.409 – Bairro Gutierrez. É um espaço tido como pioneiro no gênero, criado para impulsionar a resolução dialogada dos conflitos, por meio dos métodos autocompositivos da conciliação e da mediação.

No dia 1º de dezembro do mesmo ano, foi publicada a Resolução nº 837/2016 do Tribunal de Justiça de Minas Gerais, instituindo a Rede de Voluntariado do Tribunal de Justiça de Minas Gerais (RV/TJMG) e dispondo sobre sua organização e funcionamento.

---

6 PELIANO, Ana Maria T. Medeiros (Coord.) *Bondade ou interesse? Como é por que as empresas atuam na área social*. Brasília: IPEA, 2001, p. 20 *apud* AEDB, p. 817.

Conforme o texto normativo da Resolução nº 837/16 do TJ/MG, em seu artigo 2º, a Rede de Voluntariado será composta das seguintes sub-redes:

I – Voluntários TJMG;

II – Gestão de Ações, Projetos e Programa de Voluntariado;

III – Colaboração.

Ainda sobre a esteira da construção histórica da efetiva participação do voluntariado no aparato do Judiciário, atuando nos serviços de mediação no CEJUSC Belo Horizonte, cabe ressaltar que a iniciativa da elaboração da presente obra foi fruto de pesquisa avaliativa sobre o impacto do programa de voluntariado na atuação dos voluntários, o que resultou no projeto de escrita deste livro com a finalidade de se criar um instrumento para futuras consultas sobre a história da implantação do programa de voluntariado, bem como sobre as implementações feitas nos serviços de mediação nas dependências do Tribunal de Minas Gerais.

2. MOTIVAÇÕES PARA O SERVIÇO DE VOLUNTARIADO

Ao se falar dos elementos motivadores que se agregam ao exercício do voluntariado, e, no caso em específico, como um mediador judicial, é possível abstrair algumas outras formas de estímulo que diferem, única e exclusivamente, da pecuniária, como, por exemplo, o tempo de prestação do serviço contado para fins de concurso público.

Com certeza os princípios norteadores do voluntariado podem ser também configurados como elementos motivacionais, quais sejam, o princípio da solidariedade, da participação, da cooperação, da complementaridade, da gratuidade, da responsabilidade e da convergência.

No tempo presente e no que diz respeito à retribuição financeira, a questão que gira em torno da possível remuneração do mediador judicial, que atua de forma voluntária, ainda carece de maiores reflexões acadêmicas, legislativas e institucionais. Por hora e a partir de uma perspectiva de um olhar particular sobre a questão, é possível dizer que alguns dos fatores motivadores que orbitam em torno da atividade do mediador judicial voluntário estão baseados em um tipo de gratificação diferenciada, como afirmam alguns autores como sendo um tipo de remuneração motivacional, que são o sentimento de altruísmo, o desejo de colocar algumas habilidades à disposição de um trabalho que se considera justo e que tem possibilidades de levar à construção de um mundo melhor.

Débora Costa de Azevedo, em seu artigo sobre voluntariado corporativo – motivações para o trabalho voluntário, destaca que:

> Corullón (1997) afirma que, ao analisar os motivos que mobilizam em direção ao trabalho voluntário, descobrem-se, entre outros, dois componentes fundamentais: o de cunho pessoal (a doação de tempo e esforço como resposta a uma inquietação interior que é levada à prática), e o social (a tomada de consciência dos problemas ao se enfrentar a realidade, o que leva à luta por um ideal ou ao comprometimento com uma causa).[7]

Existem ainda outros fatores motivacionais de grande relevância, como a busca do desenvolvimento pessoal, a satisfação de fazer parte de um grupo, e, no que tange a esse quesito, é de suma relevância ressaltar o seleto grupo de voluntariado do CEJUSCs/BH, um "time de peso", composto por profissionais oriundos de diversas áreas de conhecimento como: psicólogos, administradores, assistentes sociais, advogados, enfermeiros, Relações Públicas, engenheiros industriais e civis, pedagogos, bacharel em Relações Internacionais, Licenciatura em Letras e outras fontes das ciências.

Na atuação de um mediador judicial voluntário, torna-se necessária uma postura que envolve atitudes de compromisso e responsabilidade. Tal envolvimento pode ter como motivação o fator de identificação com a causa de se fazer parte de uma política pública de fomento do processo de democratização do acesso à justiça, pela busca da pacificação das relações e o restabelecimento da comunicação das partes envolvidas em uma demanda conflituosa, mediante meios autocompositivos de resolução dos conflitos.

A inserção na prática do voluntariado é uma decisão bem pessoal, que envolve alguns valores que vão desde um altruísmo vinculado ao assistencialismo até a imersão em alguma forma de militância, seja ela de cunho político ou desportivo; certo é que, para a atuação, que não é um lazer, como um voluntário, mas que também não se configura como um trabalho, no quesito da remuneração; o envolvimento em alguma forma de voluntariado sempre será impulsionado por algum elemento motivacional, seja ele de natureza intrínseca ou extrínseca. Como assevera Dohme:

---

[7] AZEVEDO, Debora Costa. *Voluntariado Corporativo – Motivações para o Trabalho Voluntariado.* Paraná, ENEGEP (XXVII ENCONTRO NACIONAL DE ENGENHARIA DE PRODUÇÃO), 2007,p. 5 e Corrulón, 1997 *apud* Silva, 2004, p. 43.

> É certo que os elementos de uma mesma equipe podem ter motivações diferentes: alguém estará preocupado em encontrar pessoas, mas certamente todos terão uma preocupação comum: fazer o seu trabalho bem feito![8]

Há um conceito moderno, que vem sendo consagrado no mundo empresarial, que é o da responsabilidade social corporativa, e é, neste cenário, que, simultaneamente, surge a figura do voluntariado corporativo, a meu ver outra forma de se fomentar aspectos motivacionais para a prática do trabalho voluntariado, pois o voluntário está presente tanto na Administração Pública Direta como na Indireta, como exemplo temos a presença do trabalho voluntariado dentro das empresas públicas.

Discorrendo ainda sobre os fatores motivacionais para o serviço voluntário e com foco no assunto em reflexão, qual seja, a figura do mediador judicial voluntário, atuando dentro da esfera da Administração Pública, o texto legal expresso na Lei nº 9.608/98, em seu artigo 1º considera que:

> o serviço voluntário como sendo uma atividade não remunerada prestada por pessoa física a entidade pública de qualquer natureza, ou a instituição privada de fins não lucrativos, que tenha objetivos cívicos, culturais, educacionais, científicos, recreativos ou de assistência social.

Em verdade, o que se busca compreender são que elementos motivam a atuação de um indivíduo na esfera do serviço público, tomando por base que, em sua atuação, ele será comparado a um servidor público nos aspectos que dizem respeito às obrigações pertinentes à sua atuação, e que ele deverá, no exercício do seu voluntariado, zelar pelo princípio da eficiência inerente aos serviços prestados pela Administração Pública.

A possibilidade da imersão em um serviço de voluntariado especializado se amolda a um fator motivacional importante no âmbito da Administração Pública, pois se trata de uma possibilidade de exercer uma tarefa que envolve o desempenho de funções técnicas que viabilizam o aprimoramento científico e cultural do voluntário, e, por ser uma atuação voluntária caracterizada pelos princípios normativos do interesse social e comunitário, a função de mediador judicial voluntário, inserido no âmbito de uma instituição pública, também é motivada pelos aspectos pertinentes aos do exercício da cidadania.

[8] DHOME, Vania. *Voluntariado Equipes Produtivas. Como liderar ou fazer parte de uma delas.* São Paulo: Editora Makenzie, 2001, p.112.

> Desde logo, estudos que entendem que o setor do voluntariado assume duas funções principais: (1) democrática, na expressão da cidadania e da promoção de valores; e (2) diversidade, em termos de ações e de destinatários/ envolvidos. Estas funções enquadram-se nestas abordagens, enquanto mecanismo de promoção e de participação.[9]

Por fim, falar sobre os fatores que motivam o indivíduo em sua atuação como voluntário, seja em uma instituição pública ou privada, seja em uma ONG, não é tarefa fácil, nem suscetível de generalizações, tomando por base que o voluntariado pode ser motivado por sentimentos que vão do altruísmo ao individualismo, sobretudo, não podemos deixar de fora um sentimento importante vivenciado na prática do voluntariado que vem sendo pauta de estudos, que é o elemento da "felicidade", e, sobre esse prisma, a atuação do voluntário diverge dos valores do Estado e do mercado.

3. REDE DE MEDIADORES VOLUNTÁRIOS DO CENTRO JUDICIÁRIO DE SOLUÇÃO DE CONFLITOS E CIDADANIA DE BELO HORIZONTE

Para atuar como mediador judicial no Centro Judiciário de Solução de Conflitos e Cidadania de Belo Horizonte (CEJUSC BH), o voluntário deve ter cumprido a exigência de participação no curso de capacitação como mediador ofertado tanto por entidade reconhecida pelo Tribunal, ou diretamente pelo Tribunal, precisa também comprovar, conforme previsão na Lei nº 13.140, em artigo nº 11, ser formado em Instituição de Ensino Superior há pelo menos dois anos.

Conforme texto normativo da Resolução nº 837/2016, artigo 9º, § 2º, incisos I a VIII, o candidato selecionado para aderir ao programa de voluntariado, no ato da assinatura do termo de adesão, deverá apresentar os seguintes documentos: cópia da carteira de identidade, do CPF e do comprovante de residência, currículo, documento que comprove o grau de escolaridade, declaração mencionada no § 3º do art. 4º da referida Resolução, certidão de quitação eleitoral, certidões negativas e antecedentes criminais da justiça estadual e da federal, certidão negativa de processo administrativo, para servidores públicos e outros documentos que se mostrem úteis ou necessários à atividade a ser desempenhada pelo voluntário.

---

[9] Ibsen e BOJE, 2008, *apud* Fundação Eugenio de Almeida, 2013, p. 38.

Ao aderir ao programa de voluntariado, a pessoa capacitada assina um termo de adesão no qual se compromete a observar as diretrizes da Política Nacional de Tratamento Adequado de Conflitos, instauradas pela Resolução nº 125 do CNJ, Código de Ética do Anexo III da Resolução nº 125/2010 do CNJ, a Lei nº 13.140, a Resolução nº 837/2016 do TJMG e as normas internas do CEJUSC BH.

A adesão e prestação do serviço ao programa é voluntária, podendo ser encerrada a qualquer momento, por conveniência do voluntário, pela solicitação de seu afastamento do programa, comunicando sua decisão com antecedência de cinco dias úteis da data em que pretender interromper a prestação do serviço, conforme previsão normativa no artigo 10, § 1º, da Resolução nº 837/2016.

Quando da criação do Programa de Voluntariado do CEJUSC BH, o voluntário capacitado assinava um termo de adesão, no formato de uma inscrição para compor um quadro de Mediadores Voluntários, no qual se comprometia a observar alguns princípios norteadores da atuação como mediador voluntário na referida instituição, quais sejam:

I – Independência e Autonomia: O Mediador tem a liberdade de atuar sem pressão interna ou externa, sendo permitido recusar, suspender ou interromper a sessão de mediação se ausentes as condições necessárias para o seu bom desenvolvimento;

II – Imparcialidade: O Mediador tem o dever de agir sem favoritismo, preferência ou preconceito, assegurando que valores e conceitos pessoais não interfiram no resultado do trabalho, compreendendo a realidade dos envolvidos no conflito familiar;

III – Autonomia de vontade dos envolvidos: O Mediador deve respeitar a vontade das partes de participar do procedimento;

IV – Confidencialidade: O Mediador deve manter sigilo sobre as informações obtidas durante a realização da Mediação de Conflitos, salvo autorização expressa das partes, violação à ordem pública ou às leis vigentes;

V – Validação: O Mediador deve estimular os participantes a perceberem-se reciprocamente como seres humanos merecedores de atenção e respeito;

VI – Empoderamento: O Mediador deve estimular que as partes assumam o protagonismo na tomada de decisões sobre as questões pertinentes à mediação.

A atuação do Mediador voluntário também seria submetida a algumas regras internas da instituição que são:

I – Apresentação da documentação constante no artigo 9º, § 2º, da Resolução nº 837/2016 e artigo 2º, § 1º, da Portaria nº 01/2017 do CEJUSC BH;

II – os Mediadores Voluntários deverão portar crachá de identificação e assinar folha de presença a cada dia de atuação, na qual deverá constar data e horas de atendimentos;

III – Os Mediadores Voluntários contarão com eventuais orientações técnicas do caso durante a realização da mediação e poderão participar de estudos teórico-práticos promovidos pelo Setor de Mediação;

IV – Os Mediadores Voluntários receberão Declaração de Atuação ao final do período de voluntariado;

V – O Mediador Voluntário seria informado sobre a gratuidade dos trabalhos e de que sua atuação não geraria vínculo trabalhista ou de qualquer natureza com o Tribunal de Justiça do Estado de Minas Gerais e, por consequência, com o Estado, nos termos do artigo 1º, parágrafo único, da Lei nº 9.608/98.

Daí, comprometendo-se em atuar como um mediador voluntário junto ao CEJUSC BH, procurando desempenhar a função de forma ética e responsável, com respeito ao Código de Ética do Anexo III da Resolução nº 125/2010 do CNJ, à Lei nº 13.140, à Resolução nº 837/2016 do TJMG e às normas internas do CEJUSC BH e do TJMG, o termo de adesão era assinado pelo candidato a mediador voluntário, pela coordenação da Mediação e pelo Juiz Coordenador do CEJUSC BH.

Atualmente, o setor de mediação do CEJUSC BH vem passando por algumas mudanças e revitalização dos serviços. A partir disso, foi criado o Cadastro de Mediadores Voluntários, no qual os mediadores servidores convidam os mediadores voluntários para atuarem sempre que houver um incremento da demanda do serviço, não havendo mais dias fixos, nem duplas pré-determinadas, assim como, eventualmente, serão realizadas atividades técnicas e de estudos abertos a todos os voluntários.

4. GESTÃO DO PROGRAMA DE VOLUNTARIADO

Sempre que o número de voluntários em uma determinada instituição for relativamente grande, torna-se necessário a implementação de um programa de voluntariado, com a possível escolha de um coordenador de voluntários.

Dentre as ações básicas de gestão de um Programa de Voluntariado, podemos falar da importância de se criar uma ambientação efetiva que vise à integração do voluntário ao programa, bem como a disponibilização de todas as informações necessárias para o bom desempenho do serviço e a elaboração de cronogramas de atividades a serem desenvolvidas.

Do ponto de vista gerencial, que envolve ações técnicas e operacionais, é de suma importância o planejamento dos serviços dos voluntários, buscando sempre o embasamento em estudos que demonstrem o binômio, necessidade e disponibilidade de recursos. O recrutamento e a supervisão em programa de voluntariado também são atividades gerenciais que possuem sua relevância, tanto para o sucesso das atividades a serem desenvolvidas quanto para o bom desempenho do voluntário inserido em um contexto que envolve a prestação de uma atividade voluntária. Como bem ressalta Dohme:

> O que dá objetividade ao relacionamento com voluntários e proporciona um trabalho profícuo é o Programa de Voluntários, que consiste em um programa próprio que balizará um sistema de regras, de supervisão e de motivação capaz de aproveitar de forma otimizada esse grande potencial de trabalho.[10]

O êxito no planejamento do serviço de voluntariado demanda algumas ações bem específicas como a realização de reuniões periódicas com toda a equipe responsável, para promoção de reflexões e deliberações acerca dos projetos a serem implantados e ou implementados.

No âmbito da gestão de ações, projetos e programas do voluntariado do Tribunal de Justiça de Minas Gerais, conforme previsão normativa Resolução nº 837/2016, no art. 21, incisos I a III, constam as seguintes ações: mapear, semestralmente, todas as iniciativas de voluntariado existente, mensurar, continuamente, os resultados das ações, projetos e programas de voluntariado; propor ao NV/TJMG medidas de unificação, apoio e otimização de ações, programas e projetos.

Na gestão do voluntariado, cinco importantes etapas são imprescindíveis, quais sejam: a formação, a supervisão, o monitoramento, a avaliação e o planejamento, sendo que a tarefa da supervisão pode ser exercida por um líder direto de um grupo de voluntários, e as demais etapas, pela equipe de gerenciamento do programa de voluntariado, tendo sempre em mente o papel de destaque que ocupa a pessoa do coordenador, como um verdadeiro articulador de todo o processo de gestão. Cabe, ainda, ressaltar sobre a relevância da etapa do planejamento, levando-se em conta que é por meio dela que se torna possível tanto o fomento dos elementos motivacionais do voluntariado, quanto o estabelecimento de novas metas a serem implementadas com vistas no êxito do programa.

---

10 DHOME, Vania. *Voluntariado Equipes Produtivas. Como liderar ou fazer parte de uma delas.* São Paulo: Editora Makenzie, 2001, p. 34.

Por se tratar de um serviço onde inexiste uma relação contratual, a gestão do voluntariado envolve a aplicação de ações específicas, dado à natureza de especificidade peculiar da relação que se estabelece entre uma instituição e/ou organização com o voluntário. Daí é possível concluir que a tarefa de gestão de um programa de voluntariado não seja muito fácil, pois não existe um modelo básico pronto para ser adotado, ao contrário, o que se tem são exemplos específicos de resultados exitosos disseminados pela literatura.

O sucesso das fases de atração e de manutenção de um voluntário será determinado pelas ações desenvolvidas por meio de um eficiente programa de gestão de voluntariado. De acordo com Brudney "os programas bem-sucedidos são os que foram estruturados cuidadosamente e em que a participação de voluntários tem contribuído para ajudar as organizações a perceber os benefícios e 'evitar as armadilhas do uso dos voluntários.'"[11]

Da relação direta de resultados entre a efetividade das ações de um programa de gestão de voluntariado e os seus impactos na qualidade de serviços a serem prestados, é possível concluir sobre a importância da função de gerenciamento do trabalho voluntário dentro de uma instituição, por meio de um eficiente programa de gestão. Sobre o assunto assim se posiciona Vineyard:

> Em resumo, tudo que você fizer! Se as pessoas estão motivadas positivamente, abraçando a visão e o propósito de seu programa, gostam do trabalho que lhes foi designado, trabalham com pessoas com quem têm identidade de ideais e sentem que estão fazendo a diferença, você está na trilha do sucesso.[12]

Um programa de gestão de voluntariado precisa estar devidamente organizado para conseguir estabelecer um ambiente adequado para receber o voluntário. As tarefas vão desde o estabelecimento das respectivas funções a serem desempenhadas pela equipe de voluntariado até o desenvolvimento de projetos complementares de potencialização do programa. Não são tarefas simples, mas essas irão fazer com o voluntário possa desempenhar as suas funções aderindo de fato aos fins propostos pela instituição; o voluntário não pode se sentir como alguém que está inserido em uma determinada instituição apenas como se fizesse parte de uma agenda social, seja como resultado da responsabilidade social corporativa de uma empresa privada, seja como integrante de uma agenda de políticas públicas de instituição governamental.

---

[11] Brudney, 1999 *apud* Fundação Eugenio de Almeida, 2013, p. 46.

[12] Vineyard, 1991 *apud* DHOME, Vania. *Voluntariado Equipes Produtivas. Como liderar ou fazer parte de uma delas.* São Paulo: Editora Makenzie, 2001, p. 22.

A perspectiva do trabalho voluntário traz alguns desafios, os quais devem ser absorvidos e enfrentados pelos programas de gestão, dentro os quais podemos destacar o da escassez de recursos humanos e materiais, como também a necessidade de profissionalização da mão de obra voluntária. É importante a implantação de programas de educação continuada, pois um voluntário bem preparado com certeza irá desempenhar suas funções com muito mais segurança.

No que diz respeito à escassez de recursos humanos, é preciso tornar mais atrativa a inserção das pessoas nas frentes de trabalho voluntário dentro das organizações. Tal iniciativa precisa fazer parte de todo planejamento estratégico, fomentando, por exemplo, por meio de campanhas publicitárias, informações sobre a relevância dessa forma de trabalho; quanto à escassez material, o trabalho voluntário precisa ter, dentro das instituições, a sua devida importância e não ser considerado apenas como uma forma de trabalho sem o devido reconhecimento. Para tanto, o voluntário precisa ter, à sua disposição, uma infraestrutura satisfatória que viabiliza o exercício pleno de suas atividades e um bom desempenho.

E, finalmente, e não menos importante, um dos assuntos em pauta, constante na modernidade sobre o voluntariado: a questão que envolve os aspectos inerentes à profissionalização desse trabalho, que, na atualidade, tem se expandido cada vez mais no contexto de atividades que demandam conhecimento técnico-científico, em meio até nas atividades tidas como de cunho assistencialistas. Hoje, nas grandes empresas, já se fala em capacitação avançada para a equipe de voluntariado, demandas de uma formação mais técnica e, às vezes, até bem específica, tem se tornado uma responsabilidade para as instituições que estabelecem, na composição do seu quadro interno de trabalhadores, o voluntariado.

Nesse sentido, torna-se preciso equalizar o processo de qualificação do voluntário com o resultado final do que almeja a instituição. Os estudiosos entendem isso como um fomento de processos de crescimento que geram, no corpo de voluntariado, transformações tais que permitam um posicionamento reflexivo por parte do voluntário sobre quais são de fato os impactos da ação do seu trabalho no contexto em que ele está inserido. Nas palavras de Vania Dohme:

> Dentre os principais fatores para o sucesso da equipe de voluntários está a capacitação. Não só pelos motivos óbvios de tornar os participantes aptos para o desempenho da tarefa, mas também por que um voluntário bem orientado e treinado é mais confiante, mais seguro, e isso faz com que ele aproveite bem o seu tempo, tornando mais produtivas as suas horas de dedicação.[13]

[13] DHOME, Vania. *Voluntariado Equipes Produtivas. Como liderar ou fazer parte de uma delas.* São Paulo: Editora Makenzie, 2001, p. 55.

Por fim, é possível elencar algumas diretrizes para uma boa prática de gestão de um programa de voluntariado, dentre as quais destacamos o reconhecimento de quais são, de fato, as atividades do voluntário dentro de uma instituição, para se evitarem possíveis embaraços com os funcionários do quadro efetivo; a manutenção contínua de processos de formação, tanto em nível básico como no avançado, a criação de políticas de desenvolvimento para as equipes de voluntários e a criação de um orçamento mínimo para manutenção do programa de voluntariado.

> [...]os modelos de gestão têm que garantir que as horas de voluntariado não são desperdiçadas, que as competências menos sólidas são fortalecidas e que os voluntários são utilizados o mais eficazmente possível.[14]

5. O VOLUNTARIADO INSERIDO NO CONTEXTO DE POLÍTICAS PÚBLICAS DE TRATAMENTO ADEQUADO DOS CONFLITOS DE INTERESSES

As políticas públicas são definidas por alguns estudiosos como sendo planos ou programas de caráter normativo e, de acordo com o entendimento jurisprudencial e da doutrina contemporânea, passíveis de regulação pelos órgãos competente, mesmo que tais políticas sejam consideradas produto de um juízo de conveniência e oportunidade do Poder Legislativo e, principalmente, do Poder Executivo. Sobre o assunto assim se posiciona Santos: a noção de políticas públicas centra-se em três elementos: a) a busca por metas, objetivos ou fins; b) a utilização dos meios ou instrumentos legais; e c) a temporalidade, ou seja, o prolongamento do tempo, que implica na realização de uma atividade e não de um simples ato. Elementos esses que formam uma noção dinâmica de atividade, pela qual se pode definir políticas públicas simplesmente como conjunto organizado de normas e atos tendentes à realização de um objetivo determinado.

As políticas públicas estão inseridas no contexto jurídico, com base no aspecto prestacional do Estado, nas esferas dos Poderes Legislativo, Executivo e Judiciário, em questões que envolvem o dever de elaborar, implementar e fiscalizar tais políticas e sua devida concretização, finalizando assim uma prestação positiva do Estado.

A implementação das políticas públicas pelo Estado depende de ações de coordenação, regulamentação, fiscalização e fomento. Quando programadas, elas servem como mecanismo de orientação para o planejamento do orçamento

[14] Grossman; Furano, 1999, Fundação Eugenio de Almeida, 2013, p. 230.

estatal, com vistas à melhor utilização dos recursos públicos, e de maneira que atendam às demandas da coletividade.

José dos Santos Carvalho Filho, a seu turno, salienta:

> Como retratam verdadeiros projetos para atendimento às demandas sociais, as políticas públicas são definidas e executadas basicamente pelos órgãos legislativos e administrativos. Até no Judiciário, quando se instituem e implementam políticas públicas relativas à prestação dos serviços jurisdicionais (de caráter institucional) e judiciários (de caráter organizacional) os instrumentos cingem-se aos atos de natureza legislativa e aos caracterizados como administrativos.[15]

Nos últimos anos desde a década de 1990, e mais especificamente com a aprovação da Resolução nº 125 do CNJ, de 29 de novembro de 2010, a qual objetivou o aprimoramento e a sistematização das práticas de tratamento adequado dos conflitos de interesses por intermédio dos meios autocompositivos, práticas essas que já estavam sendo adotadas pelo Poder Judiciário, com vistas no binômio da efetividade e celeridade, pela primazia do cumprimento do princípio constitucional de garantia do acesso à justiça, previsto no artigo 5º, inciso XXXV, da Constituição Federal.

Em se tratando da mediação como um método autocompositivo, e sendo essa uma política pública para tratamento adequado do conflito de interesses, conforme as diretrizes do CNJ, a mediação se apresenta como uma forma de acesso à justiça, não com o enfoque propriamente dito ao acesso ao Judiciário, e, sim, com vistas em mais uma opção para o jurisdicionado que vise: "acesso a uma solução efetiva para o conflito por meio de participação adequada – resultados, procedimento e sua condução apropriada – do Estado."[16]

As políticas públicas de tratamento adequado de conflitos de interesses já estavam previstas nos objetivos da Resolução nº 125, em seu artigo 6º:

> Para o desenvolvimento dessa rede, caberá ao CNJ:
>
> I – estabelecer diretrizes para implementação das políticas públicas de tratamento adequado de conflito a serem observadas pelos Tribunais.

A Rede de Voluntariado dos mediadores judiciais representa um programa de implementação das políticas públicas de tratamento adequado dos conflitos de interesses, no caso em específico da mediação, que, com o apoio do trabalho do mediador judicial voluntário, ao longo dos últimos oito anos, conseguiu expandir

---

15 Filho, 2008, p. 112.

16 Azevedol, 2016 , p. 41.

o número de atendimentos pelos setores de mediação implantados nos Tribunais. Como se manifesta Luthyana Demarchi,

> A justificativa de implementação da política pública considera o largo e o crescente aumento dos problemas e conflitos jurídicos na sociedade, de forma a organizar e consolidar, em âmbito nacional, não somente os serviços prestados nos processos judiciais, como também de outros mecanismos de solução de conflitos, em especial os consensuais, como a mediação e a conciliação.[17]

Desde a aprovação da Resolução nº 125 do CNJ, foram aplicados vários cursos de capacitação por todo o país, com a formação de muitos mediadores judiciais que passaram a fazer parte de um Cadastro de Mediadores dos Tribunais e que, hoje, estão atuando como voluntários nos Centros Judiciário de Solução de Conflitos e Cidadania.

No artigo 169, § 1º, do novo CPC, temos a previsão legal que autoriza o trabalho voluntário na prática da mediação, sendo necessária a observância da legislação pertinente e a regulação dos tribunais. Atualmente no cadastro de mediadores judiciais voluntários do CEJUSC-BH, existem aproximadamente 30 voluntários inscritos e atuantes, como já mencionado no presente trabalho, um grupo composto por pessoas com uma diversidade de formação acadêmica, que possibilita maiores aproveitamentos.

Diante da escassez de recursos materiais e humanos pelas quais padecem o setor público, é possível construir, a partir da então já existente Rede de Voluntariado de mediadores judiciais, formas dinâmicas e criativas de trabalho que possam fomentar a expansão da política pública de resolução dos conflitos por meio do método da mediação, meio dos auxiliares da justiça, através de uma abordagem sistematizada.

O impacto positivo das ações do programa de gestão de voluntariado no processo evolutivo de profissionalização do trabalho voluntário dentro de uma instituição é manifesto pela utilização dessa mão de obra de maneira eficiente e valorativa. Para tanto, tornam-se necessários o planejamento e o aperfeiçoamento de ações que visem inserir o voluntário na visão global da instituição.

Sendo a Rede de Voluntariado um programa da política pública do método autocompositivo da mediação, é notório que os componentes dessa rede precisam compreender o papel relevante que cada um tem, como sendo um agente facilitador do processo de implantação e implementação da referida política pública.

---

[17] Splenger e Neto, 2012, p. 159.

6. REDE DE VOLUNTARIADO DE MEDIADORES JUDICIAIS E A TRANSDISCIPLINARIDADE / POSSIBILIDADES

A temática da transdisciplinaridade é fruto dos desafios que a fragmentação do conhecimento coloca para a sociedade no século XXI, e que, segundo alguns estudiosos sobre o assunto, trata-se de um enfoque plural do conhecimento que decorre das teorias da interdisciplinaridade e da multidisciplinaridade, no sentido estrito do multireferenciamento e multidimensionamento.

A proposta da transdisciplinaridade conduz no sentido do entrelaçamento dos saberes, por um debruçar científico e analítico sobre um determinado assunto e/ou problema, sob o olhar de vários saberes, que de maneira compartilhada buscará respostas que serão construídas a partir da junção de várias disciplinas. De maneira sucinta, talvez poderíamos dizer que a transdisciplinaridade parte da análise do conhecimento específico para a construção de um conhecimento geral que promova mudanças no estado das coisas. Como previsto no artigo 3º da carta da transdisciplinaridade, elaborada no I Congresso Mundial de Transdisciplinaridade, no Convento de Arrábida, em 6 de novembro de 1994:

> A transdisciplinaridade é complementar à abordagem disciplinar; ela faz emergir do confronto das disciplinas novos dados que as articulam entre si; e ela nos oferece uma nova visão da Natureza e da Realidade. A transdisciplinaridade não busca o domínio de várias disciplinas, mas a abertura de todas elas àquilo que as atravessa e as ultrapassa.[18]

As pesquisas em torno do tema da transdisciplinaridade surgiram em 1931, com o Teorema de "Godel". Esse autor procurou, através de seus estudos na física quântica, propor a existência de vários níveis de realidade, indo, à época, na contramão da lógica da teoria clássica, que propunha a existência de apenas um nível de realidade. Sobre o assunto, assim se posiciona Akiko Santos:

> O conhecimento transdisciplinar associa-se à dinâmica da multiplicidade das dimensões da realidade e apoia-se no próprio conhecimento disciplinar. Isso quer dizer que a pesquisa transdisciplinar pressupõe a pesquisa disciplinar, no entanto, deve ser enfocada a partir da articulação de referências diversas. Desse modo, os conhecimentos disciplinares e transdisciplinares, não se antagonizam, mas de complementam.[19]

---

[18] *Carta da Transdisciplinaridade*, p. 2.

[19] Revista Brasileira de Educação SANTOS, Akiko. *Complexidade e Transdisciplinaridade em Educação*: cinco princípios para resgatar o elo perdido. Rio de Janeiro: Revista Brasileira, 2008,

É notório que a prática da mediação é de natureza interdisciplinar, que, por sua vez, em seu resultado final, conduz a uma práxis transdisciplinar, que viabiliza e fomenta a construção de um "novo saber", voltado para o enfrentamento das demandas conflituosas que ora se reproduzem e que, simultaneamente, sofrem mutações diversas no tecido social.

> A transdisciplinaridade, compreendida como decorrência da interdisciplinaridade, consolida-se em postura transcultural de respeito pelas diferenças. (...) Portanto, o conhecimento transdisciplinar consiste na correspondência à evolução dos tempos atuais, resultante de um caminho irreversível, vindo preencher os vazios deixados pelo saber proveniente das áreas de especialidade do conhecimento. Trata-se da construção de um saber que toma por empréstimo os saberes de outras disciplinas, integrando-os num conhecimento de um nível hierarquicamente superior, proveniente da inteligência criativa. Em tempos de globalização, que os franceses preferem chamar de mundialização, não se pode pensar uma unidisciplina e suas derivações, mas é de rigor o conhecimento global interdisciplinar, resultante em conhecimento transdisciplinar. Eis o que há de novo no instituto da mediação.[20]

Na verdade, no processo de abordagem feito durante das sessões de mediação, é perceptível que não basta um conhecimento singular, mas, sim, plural, fato esse que desafia cada vez mais não só a pessoa do mediador, como também as demais partes envolvidas no procedimento.

Pensar nas questões que envolvem uma mediação transdisciplinar, com enfoque na utilização do trabalho disponível da Rede de Voluntariado de Mediadores Judiciais, é discorrer sobre a importante função de um programa de gestão dos voluntários, que tenha por meta o fomento de ações que finalizem no aprimoramento das técnicas e habilidades do mediador judicial voluntário, ações essas que derivam de um planejamento estratégico de utilização eficiente e valorativa do trabalho voluntário, as quais possam criar um ambiente propício para uma abordagem transdisciplinar durante as sessões de mediação, que extrapole o conflito posto em sua superfície. Para que isso seja possível, é imprescindível que se tenha uma equipe multidisciplinar na retaguarda dos atendimentos, como se posiciona Maria Coleta Oliveira e demais autoras:

> A mediação familiar transdisciplinar como o próprio nome diz, compreende como primeiro requisito a formação de uma equipe multidisciplinar, com várias competências que se complementam, oferecendo à clientela

p. 75.

[20] BARBOSA, Aguida Arruda. *Mediação Familiar Interdisciplinar.* São Paulo. Atlas, 2015, p. 44.

> uma assistência integral. Psicólogos e assistentes sociais têm, de modo geral, uma formação profissional que favorece o exercício da mediação em sua rotina de trabalho, já que a ética profissional adotada tem elementos típicos desse método, ainda que ao nomeiem conscientemente. No entanto, a análise e a própria configuração do conflito dependem da integração transversal de visões de diferentes disciplinas, estando, assim, fora do alcance ou da percepção de uma só especialidade profissional. A mediação familiar transdisciplinar requer, portanto, a integração entre o Direito, Psicologia, Serviço Social e Ciências Sociais.[21]

Os desafios são diversos e vão desde uma infraestrutura fragilizada do setor público até a patente escassez de recursos humanos e materiais, mas o que se apregoa pelo viés das possibilidades diz respeito ao que é possível de concretização, de maneira que seja viável a otimização de implantação de um modelo de mediação transdisciplinar de abordagem dos conflitos.

Com base no modelo de abordagem transdisciplinar, temos a possibilidade de experimentar uma condensação dos saberes, em observância ao fato de que lidar com conflitos humanos, por meio do procedimento de mediação de conflitos, tem a ver com lidar com a complexidade existencial humana que não se pode ser explicada ou trabalhada de maneira reducionista com base em apenas uma forma de conhecimento.

> Contudo, atualmente a administração da justiça volta-se a melhor resolver disputas, afastando-se muitas vezes de fórmulas exclusivamente positivadas e incorporando métodos interdisciplinares, a fim de atender não apenas aqueles interesses juridicamente tutelados, mas também outros que possam auxiliar na sua função de pacificação social.[22]

Dessa, forma, para se aplicar o método de mediação transdisciplinar utilizando a Rede de Voluntariado de Mediadores Judiciais, pressupõe-se que, num primeiro plano, torna-se necessário a elaboração de um planejamento estratégico das ações necessárias que vão desde a implantação de um programa específico de capacitação contínua dos mediadores, com a respectiva abordagem de conhecimento multidisciplinares, até a organização de uma infraestrutura mínima de recursos matérias e humanos, como já mencionado com a composição de uma equipe multidisciplinar de apoio.

Uma abordagem transdisciplinar dos conflitos, a meu ver, poderá abrir novos caminhos para a concretização dos ideais do procedimento de mediação, quais

---

21 OLIVEIRA, Maria Coleta *et al.* *Mediação Familiar Transdisciplinar*: uma metodologia de trabalho em situações de conflito de gênero. São Paulo, 2008, p. 48.

22 Azevedo, 2016, p. 42.

sejam o do restabelecimento da comunicação e o da pacificação social. São as mudanças de paradigmas ocasionadas pelo dinamismo do movimento social, que demandam novas formas de abordagens as questões humanas; questões essas que por vezes configuram em conflitos de interesses.

> O papel da transdisciplinaridade é justamente constituir um conhecimento em rede que permita a integração de diferentes paradigmas para atender necessidades diversas. Por exemplo, quando um caso é encaminhado, é fundamental considerar não apenas seus aspectos legais, mas também as configurações sociais e emocionais dos envolvidos.[23]

7. CONSIDERAÇÕES FINAIS

Como se pôde observar, o voluntariado é um tema bastante instigante, principalmente quando se fala de sua inserção em um universo tão complexo como é o do aparato do Judiciário.

As dificuldades em torno da temática permeiam toda a tentativa de um esforço conceitual do termo "voluntário", o qual por um lado é permeado por um texto de normatividade estática no tempo e por outro, na atualidade, ainda se manifesta sustentado em princípios muito arraigados às posturas de solidariedade e assistencialismo.

Quanto aos valores motivacionais que impulsionam a atividade do voluntariado, eles são diversos e dinâmicos, simultaneamente, vão desde o desejo de fazer parte de um grupo ou o de usar as habilidades por uma causa que vise a construção de mundo melhor, até simplesmente ao fato de se poder fazer o bem alheio. No que diz respeito exclusivamente ao mediador judicial voluntário, existem alguns outros valores agregados à atuação como mediador inserido em contexto de voluntariado, os quais servem como parâmetros para o estímulo motivacional, como, exemplo, podemos citar a computação do tempo de prestação do serviço contado para fins de concurso público, bem como uma atuação de relevância prática para uma composição curricular.

Contudo, e no sentido de uma motivação pautada nos parâmetros de uma remuneração pecuniária, torna-se necessário ressaltar que já existem previsões legais tanto do CNJ como do Novo CPC que dispõem sobre os critérios a serem fixados pelos Tribunais acerca da tabela dos honorários dos mediadores e conciliadores. E ainda na esteira motivacional, outra expectativa que motiva o trabalho

---

23 OLIVEIRA, Maria Coleta *et al. Mediação Familiar Transdisciplinar*: uma metodologia de trabalho em situações de conflito de gênero. São Paulo, 2008, p. 49.

voluntário como mediador judicial diz respeito ao fato de que se vislumbrem, em um futuro bem próximo, concursos que destinem vagas para o cargo de mediadores judiciais para composição do quadro efetivo do serviço público.

A gestão de um programa de voluntariado não é tarefa fácil, pois envolve motivar um grupo com vistas na fixação dos valores que envolvem a missão e a visão de uma instituição pública ou privada, e especificamente, nesse caso, os valores dessa forma de prestação de serviço, ou seja, do trabalho voluntário, nem sempre são mensuráveis, sendo, assim, torna-se importante que a gestão seja eficiente com vistas na maximização dos recursos materiais e humanos disponíveis.

A Rede de Voluntariado de Mediadores Judiciais desenvolve um trabalho técnico e científico, sendo que a abordagem durante as sessões de mediação demandam uma forma interdisciplinar de atuação que remete a uma necessidade de se pensar em um modelo de "voluntariado de competências", dada a complexidade das demandas dos casos submetidos ao procedimento de mediação. Na forma do "voluntariado de competências", é disponibilizado para a instituição um trabalho voluntário baseado no desempenho de tarefas especializadas, que demandam um arcabouço de saberes específicos sobre assuntos diversos.

Finalmente, sendo a mediação uma política pública de abordagem adequada dos conflitos de interesses, a Rede de Voluntariado de Mediadores Judiciais torna-se uma ferramenta muito importante para efetiva implementação dessa política pública. Sob esse enfoque e, tomando por base a Rede de Voluntariado de mediadores judiciais do CEJUSC BH, é possível conjecturar um programa avançado de capacitação contínua dos voluntários e novos projetos no Judiciário que visem uma abordagem transdisciplinar durante os atendimentos feitos nas sessões de mediação, sendo essas abordagens amparadas por uma equipe multidisciplinar de apoio.

8. REFERÊNCIAS BIBLIOGRÁFICAS

ALLAN, Jane. *Como identificar e resolver problemas em sua equipe*. São Paulo: Editora Nobel, 1992.

ALMEIDA, Diogo Assumpção Rezende de; PANTOJA, Fernanda Medina; PELAJO, Samantha. A *mediação no novo código de processo civil*. 2. ed. Rio de Janeiro: Forense, 2016.

AZEVEDO, André Gomma (Org.) *Manual de Mediação Judicial*. BRASIL, CONSELHO NACIONAL DE JUSTIÇA. 6ª. ed. 2016.

AZEVEDO, Debora Costa. *Voluntariado Corporativo – Motivações para o Trabalho Voluntariado.* Paraná, ENEGEP (XXVII ENCONTRO NACIONAL DE ENGENHARIA DE PRODUÇÃO), 2007.

BARBOSA, Aguida Arruda. *Mediação Familiar Interdisciplinar.* São Paulo. Atlas, 2015.

BRASIL. CONSELHO NACIONAL DE JUSTIÇA. AZEVEDO, André Gomma de (Org.). *Manual de Mediação Judicial.* 6. ed. Brasília/DF, 2016.

BRASIL. Presidência da República. *Lei 9.608 de 18 de fevereiro de 1998.* Dispõe sobre o serviço voluntário e dá outras providências. Disponível em: <http://. WWW. planalto.gov.br/civil_03/LEIS/L9608.htm>. Acesso em: 1 set. 2018.

BRASIL. *Trabalho Voluntário* – Fundação Abrinq. Disponível em: <http://.www. fadc.or.br/component./tags/tag/134_trabalho_voluntário.html>. Acesso em: 8 de set. 2018.

BRASIL. CONSELHO NACIONAL DE JUSTIÇA (CNJ). *RESOLUÇÃO nº 125 de 29 de novembro de 2010.* Dispõe sobre a Política Judiciária Nacional de Tratamento Adequado dos Conflitos de Interesses no âmbito do Poder Judiciário e dá outras providências. Disponível em: <http://.WWW.cnj.br/busca.atps.adm?documento =2579>.

BRASIL. Poder Judiciário do Estado de Minas Gerais/Tribunal de Justiça. *RESOLUÇÃO nº 837 de 02 de dezembro 2016.* Institui a Rede de Voluntariado do Tribunal de Justiça do Estado de Minas Gerais – RV/TJMG e dispõe sobre sua organização e funcionamento. Disponível em: <http://. WWW.8tjmg.jus.br/institucional/at/pdf/re08372016.pdf>. Acesso em: 10 set. 2018.

BRASIL. Constituição (1988). *Constituição da República Federativa do Brasil, 1988.* Texto constitucional de 5 de outubro de 1988, com as alterações adotadas pelas emenda s constitucionais até 2016. Brasília: Senado Federal, 1988. Disponível em: <http://www.plantalto.gov.br/ccivil_03/constituição/constituiçãocompilado. htm>. Acesso em: 10 set. 2018.

BRASIL. Presidente da República. *Lei 7.352 de 28 de agosto de 1985.* Institui o Dia Nacional do Voluntariado. Disponível em: <http:/ WWW.2.câmara.leg.br/legin/fed/ lei/.../lei7352/28.agosto.1985.356953-norma - pl:html>. Acesso em: 10 set. 2018.

BRASIL. *International Association for Volunteer Effort International Association.* Disponível em: <http:/WWW. Iave.org>. Acesso em: 10 set. 2018.

BRASIL. Presidência da República. *Lei 9.790 de 23 de março de 1999*. Dispõe sobre a qualificação das pessoas jurídicas de direito privado, sem fins lucrativos, como organizações da sociedade civil de Interesse Público, disciplina termo de Parceria, e dá outras providências. Diário Oficial da União, Brasília, DF, 23 de março de 1999. Disponível em: <http:/ WWW.planalto.gov.br/ccivil_03/LEIS/ L9790>. Acesso em: 10 set. 2018.

BRIQUET, Enia Cecilia. *Manual de Mediação*. Teoria e prática na formação do mediador. Petrópolis, RJ: Vozes, 2016.

CENTRO DE VOLUNTARIADO DE SÃO PAULO. *Gerenciamento de Voluntários*: estruturação e implementação de programas de voluntariado em organizações sociais. São Paulo, 2001.

COMPARADO, Fábio Konder. *Ensaio sobre Juízo de Constitucionalidade de Políticas Públicas*. Brasília: Revista de Informação Legislativa, 1998.

DHOME, Vania. *Voluntariado Equipes Produtivas. Como liderar ou fazer parte de uma delas*. São Paulo: Editora Makenzie, 2001.

FERRARI, Rachele. *Voluntariado*. Uma dimensão ética. São Paulo: Escuta, 2010.

FILHO, José dos Santos Carvalho. Políticas públicas e pretensões judiciais determinativas. *Políticas públicas possibilidades e limites*/Organizadores Cristiana Fortini, Júlio César dos Santos Esteves, Maria Tereza Fonseca Dias. Belo Horizonte: Fórum, 2008.

FORTINI, Cristiana; ESTEVES, Júlio Cesar dos Santos; DIAS, Maria Tereza Fonseca (Org.). *Políticas Públicas: possibilidades e limites*. Belo Horizonte: Fórum, 2008.

GALIANO CORULLÓN, Mônica Beatriz. *Trabalho Voluntário*. [S.I]: Conselho da Comunidade Solidária, 1996.

SPLENGER, Fabiana Marion; NETO, Theobaldo Splenger. *Mediação enquanto política publica. O Conflito, a crise da jurisdição e as práticas mediativas*. 1. ed. Santa Cruz do Sul – Edunisc, 2012.

OLIVEIRA, Maria Coleta *et al*. *Mediação Familiar Transdisciplinar*: uma metodologia de trabalho em situações de conflito de gênero. São Paulo, 2008.

PELIANO, Ana Maria T. Medeiros (Coord.) *Bondade ou interesse? Como é por que as empresas atuam na área social*. Brasília: IPEA, 2001.

PORTUGAL, Assembleia da República. Lei 71 de 3 de novembro de1998. Disciplina as Bases do enquadramento jurídico do voluntariado. Diário da República de Portugal. Disponível em: <http: //.www.idesport.pt/ficheiros/file/Lei_71_1998.pdf>. Acesso em: 10 set. 2018

SANTOS, Akiko. *Complexidade e Transdisciplinaridade em Educação*: cinco princípios para resgatar o elo perdido. Rio de Janeiro: Revista Brasileira, 2008.

SILVA, J. O; FEITOSA, S. *Ação Social Voluntária:* Motivação e Evasão. Cadernos CEDOPE. São Leopoldo: IHU, ano 13, n. 19, 2002.

WEISS, Donald. *Organizando uma verdadeira equipe.* São Paulo: Editora Nobel, 1994.

VOLUNTARIADO|ONU|BRASIL.

Disponível em: <http://.www.naçõesunidas.org/ação/voluntariado>.

WWW.cetrans.com.br/assets/docs/CARTA-DA-TRANSDISCIPLINARIDADE1.pdf. Acesso em: 10 set. 2018.

VOLUNTARIADO EM PORTUGAL – Contextos, atores e práticas. Publicação: Fundação Eugênio de Almeida. Portugal. 2013.

6

A IMPORTÂNCIA DAS OFICINAS DE PAIS E FILHOS NO APOIO À MEDIAÇÃO DE CONFLITOS

OFICINA DE PAIS E FILHOS: A EXPERIÊNCIA DO CEJUSC BH

Julieta Ribeiro Martins[1]

Escondendo-se atrás dos dois irmãos mais velhos, P, 6 anos, entra na sala. Quando perguntado pelo nome da criança, é M, 9 anos, quem responde "ele sempre fica rouco quando vem ao Fórum". Apresentar-se afônico é a forma encontrada pela criança de se posicionar diante do conflito intenso dos pais.

O divórcio é um evento cada vez mais comum nas sociedades contemporâneas, dados do IBGE indicam que, na última década, houve um aumento de mais de 160% (*Estatísticas do Registro Civil 2016, IBGE)* no número de divórcios. Em 2016 foram registrados 344.526 separações. Trata-se de um evento cada vez mais comum e presente, porém, quando não administrado de forma correta, pode trazer consequências nefastas para os envolvidos, sobretudo para as crianças e adolescentes.

Nossa prática profissional junto às famílias em litígio, nos últimos 18 anos, nos permite verificar que, quando a ruptura conjugal não é aceita por um dos genitores, a dificuldade em lidar com o fim da relação amorosa resvala para a relação parental. O luto da separação é computado na convivência mãe/pai/filhos, sendo que o outro, ora objeto de amor, passa a ser considerado inadequado e incapaz, por vezes, perigoso para o convívio dos filhos. Soma-se a isso a afirmação de que não se deve contrariar o desejo da criança ou adolescente, afinal são estes que não desejam mais a convivência com o pai ou mãe. Os filhos, nesse contexto, são obrigados a se divorciarem de um dos seus genitores.

O divórcio/separação é considerado uma das situações mais dolorosas para o ser humano, num momento de extrema fragilidade, no qual se vivencia um misto de sentimentos, as chamadas partes processuais têm de discutir sobre questões importantes como partilha de bens, guarda de filhos, convivência e exercício da

1 Assistente social. Mediadora de conflitos no Tribunal de Justiça do Estado de Minas Gerais. Instrutora de cursos de capacitação de mediadores. Supervisora e Professora universitária.

função parental, simultaneamente à vivência do luto pelo término da união ou casamento, onde, na maior parte das vezes, há significativa interrupção na comunicação entre o excelas.

É nesse contexto que muitos pais transferem aos filhos a decisão de optarem com quem eles desejam viver nessa nova configuração. O que predomina é a resposta binária ao difícil desafio da co-parentalidade. Os filhos é quem devem escolher com quem querem morar.

Tendo como justificativa o direito de escolha dos filhos, muitos pais impõem a eles mais um sofrimento, o de terem de posicionar-se diante da disputa. Verificamos tal transferência nas recorrentes falas dos pais "quando o meu filho(a) vai ser ouvido?" "meu advogado solicitou um estudo social/psicológico para meu filho (a) ser ouvido(a)".

É nesse contexto que se inserem as Oficinas de Pais e Filhos, programa de cunho educativo e preventivo, cujo principal objetivo é possibilitar aos principais membros afetados pelo término da relação conjugal, pais e filhos, acesso a conteúdos acerca da separação e suas etapas, os sentimentos despertados e como administrá-los, como estabelecer uma comunicação não violenta com o ex-cônjuge, como proteger as crianças e adolescentes envolvidos, e a possibilidade da abordagem da situação pela mediação de conflitos, método adequado de solução de disputas. Mas é, sobretudo, o momento de reflexão acerca da importância dos pais de protegerem seus filhos, preservando-os da responsabilidade de terem de tomar partido na disputa.

Nas Oficinas, os genitores percebem que são eles os responsáveis em proteger seus filhos das consequências negativas de uma má condução da separação, cabendo a eles auxiliar as crianças e adolescentes a se integrarem na nova configuração familiar.

1. METODOLOGIA DAS OFICINAS

Apresentação

A Oficina de Pais e Filhos é um programa educacional interdisciplinar elaborado e proposto pelo Conselho Nacional de Justiça que visa auxiliar pais e demais membros da família a buscarem maneiras saudáveis de lidar com o término do casamento. O referido programa é desenvolvido pelo Centro Judiciário de Solução de Conflitos e Cidadania de Belo Horizonte (CEJUSC BH) e suas atividades são desenvolvidas pela equipe técnica de mediadores de conflitos. São realizadas oficinas direcionadas aos adultos e às crianças e adolescentes na faixa etária compreendida entre 6 e 17 anos.

A Oficina de Pais e Filhos, direcionada aos pais, é um encontro, em grupo, conduzido por mediadores de conflitos, contendo esclarecimentos sobre o divórcio/separação e suas consequências para os filhos, quando esse fato não é tratado de forma respeitosa e pacífica entre o ex-casal. Ela não visa avaliar ou julgar os pais, mas, apenas, ajudá-los, bem como a seus filhos, a superarem essa fase de reorganização familiar e a terem mais estabilidade e paz em suas vidas, objetivo primordial do Poder Judiciário.

Oficina de Pais e Filhos para crianças e adolescentes é um encontro, em grupo, conduzido por mediadores de conflitos, onde crianças e adolescentes encontram um local para falar sobre seus sentimentos e expectativas em relação ao conflito de seus pais. O objetivo é ajudá-los a entender o que é a separação, suas causas e desdobramentos.

Formação dos grupos para as oficinas de pais:

Cada oficina contará com, no máximo, 20 participantes, sendo que cada parte processual participará de oficinas distintas. Ou seja, os casais deverão ser divididos entre duas oficinas, por dois motivos: a) para a garantia de um ambiente tranquilo, livre de eventuais brigas e discussões; b) para que a presença de um não iniba o outro notadamente nos momentos destinados à interação e à expressão de seus sentimentos.

Recomendamos, também, que cada grupo seja misto, ou seja, composto por homens e mulheres, para que aqueles ouçam o ponto de vista destas e vice-versa, sobretudo durante as dinâmicas de grupo.

Formação dos grupos para as oficinas de crianças:

As oficinas de crianças contemplam, no máximo, 15 participantes com idades entre 6 a 11 anos de idade.

O tema central da oficina é apresentado para as crianças a partir da história de Stanley, um passarinho que enfrenta as dificuldades advindas de uma nova configuração familiar que o obriga a ter "dois ninhos". A oficina de crianças é encerrada com uma atividade de ressignificação "Reciclagem" em que as crianças são convidadas a transformarem objetos que seriam descartadas em brinquedos.

Formação de grupos para as oficinas de adolescentes:

As oficinas de adolescentes são formadas com, no máximo, 15 participantes com idades compreendidas entre 12 a 18 anos de idade. Os adolescentes encontram um espaço para falarem de seus sentimentos diante da nossa reorganização familiar, podendo refletir sobre a maneira particular que cada um lida com a situação, percebendo atitudes mais positivas que podem ser adotadas.

2. CURSOS DE FORMAÇÃO DE INSTRUTORES DAS OFICINAS DE DIVÓRCIO E PARENTALIDADE

As diretrizes do Comitê Gestor Nacional da Conciliação para os Cursos de Formação de Instrutores das Oficinas de Divórcio e Parentalidade definem[2]:

> Art. 9º As Oficinas de Divórcio e Parentalidade a serem ministradas pelo instrutor em formação deverão observar as seguintes diretrizes:
>
> I – O público alvo da Oficina de Divórcio e Parentalidade são famílias em fase de reorganização familiar, motivada pela ruptura do relacionamento dos pais, com filhos menores, com ou sem processos judiciais.
>
> II – A Oficina de Divórcio e Parentalidade é composta pela Oficina de Pais e pela Oficina de Filhos, sendo esta composta pela Oficina dos Filhos Adolescentes (entre doze e dezoito anos de idade) e pela Oficina dos Filhos Crianças (entre seis e doze anos de idade, incompletos).
>
> III – A Oficina de Divórcio e Parentalidade a ser ministrada pelo instrutor em formação poderá compreender apenas a Oficina dos Pais ou apenas a Oficina dos Filhos, mas os filhos não poderão participar da Oficina dos Pais, nem os pais poderão participar da Oficina dos Filhos.
>
> IV – A Oficina dos Filhos, principalmente a Oficina dos Filhos Crianças, deve ser executada preferencialmente com o auxílio de pessoas que tenham experiência em lidar com crianças, como psicólogos, assistentes sociais e pedagogos.
>
> V – O instrutor não deve dar conselhos pessoais ou jurídicos aos participantes da Oficina, já que esta consiste em um programa educacional e preventivo, não se prestando à orientação de casos específicos.

[2] <Http://www.cnj.jus.br/programas-e-acoes/conciliacao-e-mediacao-portal-da-conciliacao/cursos-formacao/curso-de-formacao-de-instrutores-em-oficinas-de-divorcio-e-parentalidade>. Acesso em: 5 set. 2018.

3. CONSIDERAÇÕES FINAIS

As famílias que enfrentam a separação e o divórcio encontram, no CEJUSC BH, dois importantes serviços: a Mediação de Conflitos e as Oficinas.

O Serviço de Mediação ofertado pelo CEJUSC BH tem como demanda processual e pré-processual, em sua maioria, situações de família.

Um dos maiores desafios da mediação familiar é o de promover um espaço de entendimento entre o ex-casal, justamente no momento em que os indivíduos atravessam uma das experiências consideradas mais dolorosas para o ser humano, que é o divórcio/separação.

Nesse momento em que as emoções estão à flor da pele, a mediação constitui-se como um espaço seguro, onde casais que estão se separando podem se reunir, conversar e tomar decisões sobre importantes questões que precisam ser discutidas, auxiliados por mediadores que farão o papel de catalizadores da comunicação. O mediador, por meio do uso de técnicas próprias ao método, elaborará uma agenda de questões que serão discutidas e resolvidas, auxiliará as partes a se concentrarem nos seus interesses comuns, que, na maioria das vezes, consiste em assegurar aos filhos a continuidade do atendimento de suas necessidades materiais e emocionais, e promoverá a todo tempo uma comunicação não adversarial, indispensável a todo processo de mediação.

As Oficinas de Pais e Filhos também constituem um espaço seguro, no qual os membros da família encontram apoio, informações e, sobretudo, podem ouvir como cada participante enfrenta a situação imposta.

É nesse espaço que P. "recupera a voz" e passa a interagir com as outras crianças e com o instrutor na Oficina, um espaço que permite que ele manifeste como se sente, sem se sentir pressionado a escolher entre o pai ou a mãe.

4. REFERÊNCIAS BIBLIOGRÁFICAS

CONSELHO NACIONAL DE JUSTIÇA. *Curso de Formação de Instrutores em Oficinas de Divórcio e Parentalidade.* Disponível em: <http://www.cnj.jus.br/programas-e-acoes/conciliacao-e-mediacao-portal-da-conciliacao/cursos-formacao/curso-de-formacao-de-instrutores-em-oficinas-de-divorcio-e-parentalidade>. Acesso em: 5 set. 2018.

GOMA, André (Org.). Manual de Mediação Judicial. CONSELHO NACIONAL DE JUSTIÇA, 2016.

INSTITUTO BRASILEIRO DE GEOGRAFIA E ESTATÍSTICA. *Estatísticas do Registro Civil.* Disponível em: <https://www.ibge.gov.br/estatisticas-novoportal/sociais/populacao/9110-estatisticas-do-registro-civil.html?=&t=o-que-e>. Acesso em: 5 set.

PARKINSON, Lisa. *Mediação familiar*. Belo Horizonte: Del Rey, 2016.

PELUSO, Antônio Cezar (Org.). *Conciliação e Mediação*: Estruturação da Política Judiciária Nacional. 1. ed. Rio de Janeiro: Editora Forense Ltda., 2011.

7
OS HORIZONTES DA MEDIAÇÃO

SONHOS, REALIDADES E PERSPECTIVAS NA MEDIAÇÃO JUDICIAL

Terezinha de Oliveira Lima Rocha
Ana Cláudia Bitencourt Marcondes
Rita de Cássia Marques
Cleide Rocha de Andrade

"Somos do mesmo material do que se tecem
os sonhos, nossa pequena vida está rodeada de sonhos."
WILLIAM SHAKESPEARE[1]

Sonhar nos impulsiona, movimenta-nos, leva-nos à busca do nosso desejo.

Sonhar é preciso...

Sonhamos e caminhamos.

Esse caminho é um caminho árduo, mas, ao mesmo tempo de descobertas e prazer!

Onde estamos, hoje, na mediação?

Ela está se convertendo em uma moda que, como todas outras, desaparecerá um dia?

Talvez.

Está morrendo, asfixiada, por certas profissões que a oprimem ao querer dela se apropriar em benefício próprio? Talvez.

Em 1995, Jean François-Six[2] disse que a mediação é uma planta nova, ainda frágil, adolescente, que trabalha ardente e ferozmente para converter-se em uma bela árvore. Sem dúvida! 23 anos depois podemos dizer o mesmo no Brasil.

---

1 SHAKESPEARE, Wiliam. *A tempestade*, 1611.

2 SIX, Jean-François. *Dinâmica da Mediação*. Belo Horizonte: Del Rey, 2001.

Ser mediador, e mediador judicial, exige muito mais do que intuição ou boa vontade. É um trabalho que demanda uma formação sustentada por muita dedicação, estudo e uma prática cuidadosa. A mediação é um procedimento altamente técnico e estruturado e seu futuro vai depender da qualidade dos programas de formação teórica e prática dos mediadores para alcançar o domínio das técnicas de gestão de conflitos, bem como, do empenho das instituições judiciários na implantação desta nova política judiciária.

A formação de um mediador exige uma atitude de "humildade" no sentido de acreditar não saber o que é melhor para o outro, pois quem detém este poder é mesmo o outro, sendo função do mediador promover a autonomia e o empoderamento das pessoas.

Para que a mediação se sustente, precisamos de bons mediadores, comprometidos com a técnica, com a satisfação dos mediandos em relação aos resultados, exercendo sua função balizada nos princípios éticos que asseguram a atuação do mediador: imparcialidade, confidencialidade, voluntariedade de participação dos mediandos, autonomia da vontade, dentre outros. A mediação somente se sustentará como uma prática por meio da competência técnica dos mediadores e sua postura ética. O cuidado com a formação dos mediadores é primordial para sua vitalidade. Essa formação exige o desenvolvimento de competências e uma postura ética essenciais para a sua atuação, buscando assegurar a responsabilidade e autonomia dos mediandos como uma forma democrática de exercitarmos a cidadania.

Para que a mediação judicial no Brasil se desenvolva como uma realidade de trabalho e uma prática sustentada numa técnica efetiva é necessário que haja uma devida valorização, reconhecimento da sua importância e a devida qualidade por meio de investimento em programas de formação de mediadores, como também a sua justa remuneração.

Com o interesse de muitos em se apropriar desse novo meio de abordagem dos conflitos, o risco atual é de que as sessões de mediação se transformem em rápidas audiências conciliatórias, resolvendo-se as questões no ganha-perde, desconsiderando-se o procedimento técnico e estruturado da mediação, o qual, quando bem indicado como o método adequado naquele momento, trará como resultado, além da efetividade, perenidade, muito mais satisfação para as pessoas.

A implantação e consolidação da mediação com qualidade é um trabalho que exige empenho de vários atores, em especial, dos mediadores. A proposta de instaurar a cultura da pacificação em substituição à cultura da sentença demanda investimento financeiro e compromisso das instituições públicas na implementação e consolidação dessa nova práxis.

A mediação vem percorrendo um longo caminho e grandes avanços foram conquistados, como o seu reconhecimento no ordenamento jurídico brasileiro por meio da Resolução nº 125/2010 do Conselho Nacional de Justiça, da Lei da Mediação e do Novo Código de Processo Civil. Porém, ainda resta muito a ser feito. Lidar com o novo exige empenho, crença e tempo.

A proposta da mediação se fundamenta, principalmente, na percepção que o mediador tem do conflito. O conflito não é negativo em si mesmo. O que traz dificuldade e sofrimento é a maneira como o enfrentamos. O que há de negativo no conflito não está em sua existência, mas na forma como lidamos com ele. O mediador vê o conflito como uma possibilidade de construção de um novo arranjo para aquilo que traz desconforto e sofrimento. Essa visão é o ponto de partida para o trabalho do mediador. A mediação vem trazer a proposta de diálogo e a solução dos conflitos, construída pelos próprios mediandos, com a satisfação de ser uma solução mutuamente satisfatória, fora do modelo ganha/perde, sem a imposição de um terceiro.

Atuar de forma imparcial, conduzir uma mediação sustentada em técnicas, numa escuta ativa e atenciosa, sob os seus princípios norteadores, exige uma qualidade de formação, muito estudo, dedicação, prática e cuidado com o outro. O sucesso da mediação está atrelado a essa formação, pois o seu fortalecimento e vitalidade estão diretamente vinculados à credibilidade e respeito que os mediadores vêm conquistando.

Vencer o preconceito contra o novo não é tarefa fácil. Acreditamos que será a alta qualidade técnica e a obediência aos princípios éticos que norteiam o trabalho do mediador que irão possibilitar o fortalecimento da mediação em nosso país.

Vivenciamos o anúncio da construção de um novo Poder Judiciário brasileiro eficiente, comprometido com a Justiça e com a democracia. É esse o caminho para que possamos ter uma sociedade menos litigante, mais harmonizada.

Mediadores são pacificadores que têm a responsabilidade e a habilidade de espalhar a semente da cultura do diálogo e da paz por todos os lados, para que outras pessoas conheçam a mediação e propaguem essa cultura. Tarefa árdua, mas que, com toda certeza, poderá gerar frutos de um novo tipo de cidadania pautada pelo diálogo e respeito às diferenças pertinentes aos múltiplos modos de existência.

A aceitação que a mediação vem conquistando no judiciário decorre dos resultados que ela vem obtendo, e, conduzida com o rigor técnico que a sustenta, propiciará, ao longo do tempo, novos horizontes aos que se abrem a esse olhar sobre os conflitos. Mediandos que têm seus conflitos resolvidos em um ambiente de mediação, dificilmente conseguem optar por outro meio de resolução de conflito, em outro momento. Na prática, sentem os benefícios proporcionados pelos momentos que puderam falar sobre o que desejavam e da oportunidade que tiveram de construir com o outro algo possível de ser cumprido. Há respeito pelos seus desejos, há respeito pelo indivíduo como sujeito de direitos e, principalmente, respeito às suas escolhas.

Nesse contexto, há de ser considerado o mediador como um profissional com habilidades comunicacionais elevadas e com grande capacidade de agregar, proporcionando um trabalho diferenciado dos demais profissionais que lidam com os conflitos. Ele não é psicólogo porque não entra no âmago inconsciente e individual dos conflitos, mas consegue, através de técnicas próprias, facilitar a interação interpessoal entre os envolvidos. Não é advogado, mas os ajuda de maneira muito eficaz na resolução de conflitos, conflitos tais que, em anos de ações judiciais em curso, não foram resolvidos.

Nada mais justo que o mediador tenha reconhecida sua arte de mediar como profissão e que esteja ciente, inclusive, do caráter transdisciplinar de sua atuação. O mediador é um profissional da pós-modernidade e seu trabalho se agrega ao trabalho de outros profissionais.

Apesar de a mediação existir no Brasil há mais de 20 anos por meio de práticas pioneiras e projetos pilotos, como instituto no ordenamento jurídico é ainda infante e se faz necessária maior inserção da mesma na nossa cultura. Seu advento trará novas oportunidades de ganho de mercado, mas estamos ainda em fase dos primeiros passos.

Tudo no seu tempo, e o tempo para a mediação é sempre com uma visão prospectiva, em que o passado foi importante, o presente deve ser compreendido para que possa ser construído o futuro, e este último, é o primeiro de novos dias.

Com esse pensamento, a mediação e o mediador se fazem presentes como uma profissão do presente e um auspicioso futuro.

Cabe ainda uma nota sobre a natureza da mediação judicial, escrita por nós que, de fato, estamos no campo de atuação como "gente que faz". Ainda que possamos partir de perspectivas diferenciadas de nosso olhar como mediadores, tudo que dissermos será como um rio que irá confluir com suas torrentes de águas para um grande mar, pois, com certeza, nos encontraremos no ponto de intercessão do significado e da significância do procedimento de mediação Judicial.

Por fim, sabemos do quadro de escassez de recursos humanos e materiais que perpassa o setor público. Acreditamos que o Estado deve chamar para si a responsabilidade de ampliar seu quadro de mediadores por meio de concursos, contratações ou parcerias. Somado a isso, acreditamos no potencial da Rede de Voluntariado e sua contribuição para a prestação de atendimentos de mediação e na necessidade de apoio multidisciplinar ao procedimento de mediação judicial.

Consideramos fundamental, juntamente com o cuidado em relação à formação de mediadores, um eficiente programa de gestão dos Centros Judiciários de Solução de Conflitos, os quais estão espalhados pelo nosso país, que reconheça e respeite as especificidades da mediação e não se ocupe de reduzi-la a um mero fim para atingir meios. Parceira do procedimento da conciliação, a mediação dela se distingue por se tratar de um procedimento adequado para abordar conflitos cuja natureza demanda escuta apurada, tempo e cuidado para tratar as feridas e reconstruir possibilidades de entendimento entre os envolvidos.

A nossa sociedade e, em especial, o Poder Judiciário estão diante do desafio de responder ao pragmatismo que exige números de acordos realizados, não importando a qualidade e efetividade do que foi acordado, e a aposta numa nova meta de eficiência institucional e social: impor a si que a habilidade e a competência que a mediação exige para lidar com os conflitos interpessoais não sejam mera exceção, luxo ou preciosismo, mas a regra de formação daqueles que lidam com relações humanas.

REFERÊNCIAS BIBLIOGRÁFICAS

ALBUQUERQUE, Dionara Oliver; e FAGUNDES, Izabel Cristina Peres, *Coleção Mediação. Porto Alegre, Tribunal de Justiça do Estado do Rio Grande do Sul*, vol. 2, 2017.

SIX, Jean-François. *Dinâmica da Mediação*. Belo Horizonte: Del Rey, 2001.

URY, William. *Chegando à Paz*: Resolvendo conflitos em casa, no trabalho e no dia-a-dia. Rio de Janeiro: Campus, 2000, p. 187.